NKO

朱子学に毒された中国
毒されなかった日本

井沢元彦
石平

WAC

序章

頓珍漢な朱子学に負けなかった日本の凄さ

石平

井沢元彦氏の「逆説」に惹かれて

今からおよそ二十数年前、本屋さんで井沢元彦氏の『逆説の日本史・古代黎明編』（小学館）を初めて目にしたとき、まずはそのユニークな書名に惹《ひ》かれた。大学では哲学科出身の私は、昔から「逆説」というものが大好きであって、逆説を放つことのできる人はきっと非凡な頭脳の持ち主であると確信しているからである。早速、この本を手に取って目次に目を通したところ、これは面白そうだと思って、即断で買い求めた。

読んでみるとやはり面白い！　日本に来てから自分なりに吸収してきた日本古代史の「知識」が一気にひっくり返されたという、まさに衝撃的な読書体験である。

それ以来、時間のある時には本屋さん（あるいは古本屋さん）で『逆説の日本史・○○編』を手当たり次第に買ってきて断続的に読んでいた。そこからは日本の歴史を見る自分の目を養うための養分をたくさん吸収したのと同時に、異彩を放つ逆説を次から次へと打ち出す井沢氏の天才的な思考力とその歴史研究の深さに大きな敬意を抱いたのである。

もちろんその時、自分はいつかこの素晴らしい歴史家とご一緒に仕事できるとは夢にも思わなかった。だが令和二年の年末になって、この「夢にも思わなかった」ことは、ついに実現することとなった。

令和二年十二月、ワック出版社の計らいによって、不肖の私は光栄にも、井沢氏と初対談の機会を得た。それが月刊誌WiLLの令和三年三月号に掲載されたところ、読者からご好評をいただいたようで、それ以来一年間、同じWiLL誌上で何度か二人で対談を重ねることになった。

優れた歴史家であると同時に、多くの「逆説」を生み出すほどの哲学的思考力の持ち主である井沢氏との対談は、私にとっては実に知的刺激と啓発に満ちた大変貴重な体験であり、多くのことを学ぶ大事な機会にもなった。そして図らずも、この一年間を通しての対談は、拙者の五十代最後の年の大仕事の一つとなった。

文化的DNAの免疫力が日本にはあった！

この一連の対談を、加筆などをしてまとめて編集したものが、皆様に手にとっていただいている本書である。その詳しい内容は当然、読者の皆様の読む楽しみにとっておくが、ここで一つだけ申し上げたいのは、「逆説の歴史家」である井沢氏とのこの対談本は、まさにさまざまな「逆説」に満ちた、大変面白い一冊なのである。

書名からもお分かりのように、この対談本の中心的テーマは朱子学である。対談相手の井沢氏は、日本と中韓の思想史にも造詣の深い歴史家であるから、われわれの対談は当然、「朱子学とは何か」との哲学談議に止《とど》まらず、その大半の内容はむしろ、朱子学という中国生まれの極端な思想が中国と朝鮮半島にどのような悪影響を及ぼしたのか、そして日本は一体どうして、この朱子学に毒されることから逃れることができたのか、といった思想史的問題に集中して行われた。

もちろんそれは、思想史に対する学問的探究だけではなく、われわれの関心事はむしろ、日本人の常識からすればとても理解し難い中国や韓国のさまざまな頓珍漢な行動の背後に一体どのような歴史的・文化的影響があったのかにあり、その歴史的・文化的背景から中韓の頓珍漢ぶりの謎を探ることにあった。

そしてわれわれの対談のたどり着いた結論の一つはすなわち、中国と韓国はあれほど可笑しくて摩訶不思議な国となったことの背後にはやはり、朱子学というものの長年の害毒があることである。そして一方の日本のほうは、その文化的DNAにはもともと、朱子学の害毒に対するすごい免疫力があるから、日本は朱子学からの悪影響をそれほど受けることなく、昔からずっと、健全にして穏やかな国であり続けることができたという事実の確認である。

ならば、中韓の心を深く毒した朱子学とは一体何か。中国や韓国の驚くべき異常さと異質さには、朱子学のどのような毒素が深く入っているのか。そしてわが国日本が古来から持つところの、朱子学的な原理主義の害毒をうまく排斥できるような文化的DNAとは何か。それらの問題は日本人にとって、中韓という厄介な隣人の本質を知り、そして日本民族自身の優れた体質を知る上では非常に重要な問題であると思う。

井沢氏と私とのこの対談本は、まさにこれらの重要問題に対し、私たちの真摯《しんし》なる対話と渾身《こんしん》の討議の結晶として、皆様に提示する一連の答えでもある。そしてそれが、皆様の中韓理解と日本理解に大きく資することができたのではないかと私は思う。

最後に、私との対談に快く応じてくださった井沢元彦氏と、本書の編集に携わったワック出版の素晴らしい編集者たちに心からの感謝を申し上げたい。そして、本書を手にとっていただいた読者の皆様にはただひたすら、頭を垂れて御礼を申し上げたい。

朱子学に毒された中国
毒されなかった日本

◉目次

装幀／須川貴弘（WAC装幀室）

第一章

ゴーマン中国の源流は朱子学にあり

インテリのヒステリーが朱子学を生んだ

石平　歴史家として定評のある井沢元彦さんと対談する形で中国に関する本を出せることになり大変光栄です。

井沢　こちらこそ、いつも石さんの本は楽しく読んでいます。

石平　井沢さんはさまざまな著書で中国の危険性を訴えられています。特に『逆説の世界史』（小学館文庫）、『脱・中国で繁栄する日本国を滅ぼす朱子学の猛毒を排除せよ』（徳間書店）では、朱子学の毒性の激しさを強く主張されていた。元中国人の私が読んでも面白く啓発されました。

井沢　朱子学が出てくる「以前」と「以後」とで、中国はまったく別の国に変わったように思います。儒教（孔子・孟子の教え）は、英語だと「Confucianism」です。ところが、朱子学以降は「Neo-Confucianism」となる。つまり、「新儒教」です。

私は孔孟以来の牧歌的で人道的な儒教を捻《ね》じ曲げた張本人が、朱子（朱熹《しゅき》。一一三〇～一二〇〇年）であると見ています。ところが、石平さんの『なぜ論語は「善」なのに、儒教は「悪」なのか』（ＰＨＰ新書）を拝読したら、孟子の頃からすでに儒教は変節し始めていたと指摘されていました。

石平　そうです。ただ、私がこの本を書くきっかけになったのも、朱子学の残酷性に触れたからです。

井沢　特に女性に対してひどかったようですね。

石平　「殉節《じゅんせつ》」といって、夫が死ねば、子供のいない場合は、妻も同じく死を選ばなければなりませんでした。清王朝の二百六十年間で、実に五百万人以上の女性が犠牲になったと考えられています。こんな朱子学に中国と李氏朝鮮は四百年以上も毒され、人間性の欠片《かけら》も見当たらないほど残酷な世界を構築していくことになったのです。孔子の説く『論語』の世界とあまりにもかけ離れており、その疑問から研究と執筆に至ったのです。中国に、なぜ、こんな朱子学が誕生したと思われますか。

井沢　「靖康《せいこう》の変」（「靖康」は年号。一一二六～二七年）が大きかったと思います。宋は、北方の遊牧民族国家であり同盟国だった金を、同じ遊牧民族である遼を利用して滅ぼそうとしました。「宋＝中国人」からすれば、中国こそ唯一の国家にほかなりません。勢力を伸ばし始めた金は、中国にとって無礼な国に過ぎない。ところが、当時の宋は文化的な国家でしたが、軍事力は弱かった。自分たちで金を倒す力はない。そこで遊牧民族同士で争わせようとしたのです。

石平　ところが金は、宋の策略に気づいた。

井沢　当然、激怒した金は宋に攻め入り、首都、開封《かいほう》を陥落させ、皇帝を捕虜にしてしまった。さらに皇族のほとんどと、官僚数千人を金に連行しました。中でも悲惨だったのが皇族の女性たちで、年長者は金の皇族や貴族の妾《めかけ》にされ、幼い皇女らは金の官立の妓楼「洗衣院《せんいいん》」に入れて育てられ、上流階級を客とする娼婦に堕したのです。

それまでの中国は、自分たちが一番だと思いながら、他国への思いやりを持っていました。他国の文化にも関心を示し、家族を大切にしていたのです。ところが、妻子がそんな目にあってしまった。これは大きなトラウマとなりました。

生き残った皇族は南方に逃れ、南宋をつくります。でも、自国の力が弱いため、助けに行くことができない。軍事力では勝てませんから、頭の中で勝つほかない。そこで、徹底的な外国文化への蔑視《べっし》、つまり「中華意識」が肥大し始めたのです。

石平　その論理づけに朱子が関与することになりました。「靖康の変」の四年後に朱子は生まれています。

井沢　要するにインテリのヒステリーですよ。異文化には学ぶべきものは何もないと、とても独善的・排他的思想が生まれ、「仮想現実」に逃げ込んだのです。後年、『水滸伝』という作品が誕生します。ひ弱な宋が、百八人の英雄によって救われるなんて話は、まさに「仮想現実」そのものでした。ですから、「靖康の変」が中国を変えた大きな分岐点として位置づけられることは間違いありません。

科挙の弊害

石平　「本来の中国が失われたのは宋以後」という議論は、中国国内でもなされています。宋以降、まさに原理主義的な朱子学の支配下で、中国人の闊達性や人間性を奪われ、過酷な社会秩序を形成するようになる。しかも、その考え方が、国内のみならず、周辺にも世界的にも拡大していく。それが、いわゆる「華夷秩序《かい》」です。自分たちは「華＝文明」。その周辺に、「夷＝野蛮」がある。東夷《とうい》（日本・朝鮮）、西戎《せいじゅう》（西域と呼ばれた諸国など）、北狄《ほくてき》（匈奴、蒙古など）、南蛮《なんばん》（ベトナム・カンボジアなど東南アジア諸国や南方から渡航してきた西洋人など）。朱子学がその理論づけをしたわけです。その一方、禁欲主義の朱子学は金儲け、商売行為も目の敵《かたき》にしている。

井沢　巨大な版図《はんと》を持つ中国ですから、輸入に頼らず、自給自足で済むことは済む。ですから、そういう発想が生まれやすかったのではありませんか。

もう一つ、周に滅ぼされた殷《いん》の移民が、土地を奪われたため、商売で生きるしかなかった。国を失い「さまよえる民」となったユダヤ人と同じように、彼らに対する差別が根強く残ったのだと思います。

石平　中国人の商売蔑視は「科挙」（五九八〜一九〇五年、隋から清の時代まで、約千三百年間にわたって行われた官僚登用試験）が大きな影響を及ぼしたと思います。

覚える内容も膨大な古籍をまるまる暗記するなど、なんの役にも立たない知識ばかり。しかも試験に受かるために十年、二十年かかることもザラでした。

井沢　科挙があれば、魚屋や八百屋の息子でも官僚になれる。でも、日本は「士農工商」のうち「農工商」（＝民）が、試験で「士」になる制度は無かった。だから、中国からすると遅れた野蛮な国だと思われていました。

石平　ですが、中国の優秀な若者たちはそのために、科挙試験に合格して官僚になる以外、人生の夢や目標を持つことができない状態になった。逆に言えば、官僚以外の職業は賤《いや》しいものだと見なされるようになった。

井沢　日本の場合、「老舗《しにせ》」という言葉があるように、五百年以上続く会社も存在しています。長く続けること自体、社会的に評価されるという価値観があった。でも、中国や朝鮮半島では、そういう評価軸・価値観が存在しない。たとえば、どれほど菓子づくりが巧みな職人だとしても、お金が入れば、息子には店を継がせず、科挙試験を受けさせようとしたのです。

石平　だから、モノづくりが発達しませんでしたし、商業も繁栄しません。日本は江戸時代、商人が金を儲け、武士に金を貸すまでになった。でも、中国ではそんなことはありません。支配階級は金持ちから奪えばいい。だから、資本主義も育ちません。

この科挙制度をイデオロギー的に補強したのが儒教であり、朱子学でした。

井沢　儒教がイデオロギー化したのは、いつ頃からだと考えていますか。

石平　孟子の頃からだと思います。孟子は初めて、儒教的な学説を立てました。孔子は色々と哲学的なことを語るが、学説の体系を作ろうとしなかったのです。お人よしで、人生経験が豊富なおじさんが、愛弟子に囲まれ、日々の訓戒を語る……そういうイメージです。だから、孔子の教えは矛盾だらけです。論理的整合性はありません。

井沢　そうですね、イデオロギーにはしていません。つまり『論語』は、『菜根譚《さいこんたん》』（中国明代末期のもの。主として前集は人の交わりを説き、後集では自然と閑居の楽しみを説いた書物）のようなもの。

石平　そうです。漢の時代、儒教が整理されていく中で、「五経」（『易経』『詩経』『書経』『礼記』『春秋』）を経典としましたが、『論語』は採り入れられなかった。いわば、キリスト教で、『聖書』を認めないのと同じようなものです。漢の時代、『論語』＝儒教とは考えられていなかったのです。

井沢　『論語』を儒教の体系に組み入れたのが朱子だった。

『論語』、儒教、朱子学の関係図──

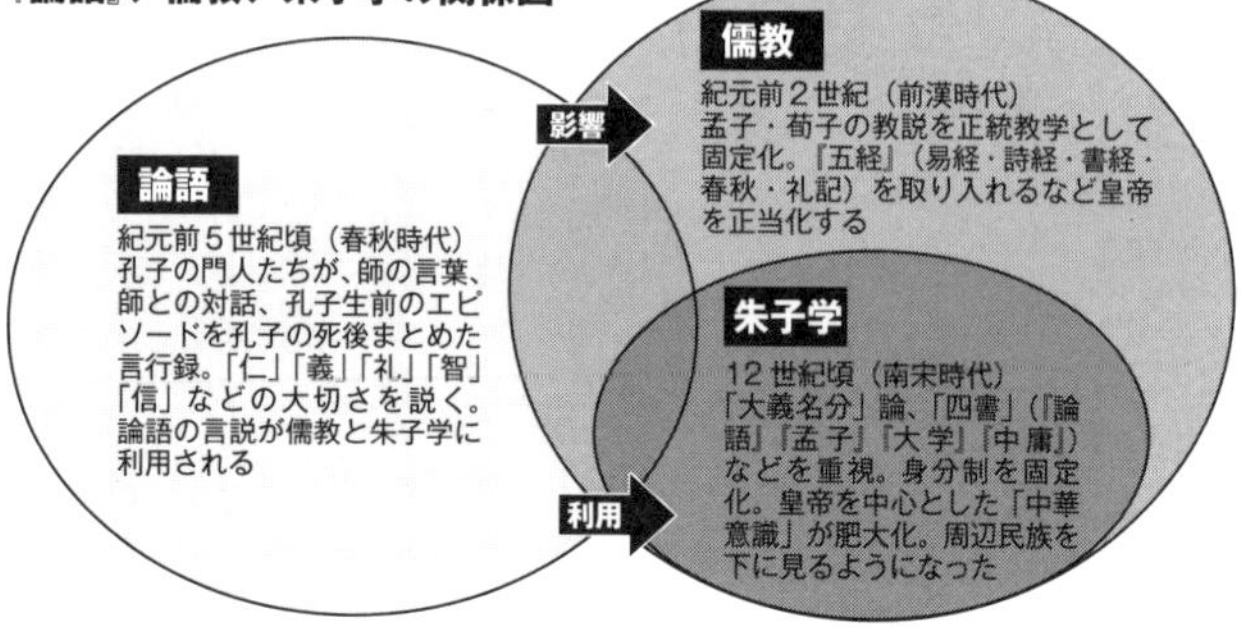
儒教
紀元前２世紀（前漢時代）
孟子・荀子の教説を正統教学として固定化。『五経』（易経・詩経・書経・春秋・礼記）を取り入れるなど皇帝を正当化する
影響
論語
紀元前５世紀頃（春秋時代）
孔子の門人たちが、師の言葉、師との対話、孔子生前のエピソードを孔子の死後まとめた言行録。「仁」「義」「礼」「智」「信」などの大切さを説く。論語の言説が儒教と朱子学に利用される
朱子学
12世紀頃（南宋時代）
「大義名分」論、「四書」（『論語』『孟子』『大学』『中庸』）などを重視。身分制を固定化。皇帝を中心とした「中華意識」が肥大化。周辺民族を下に見るようになった
利用

石平　五経では足りないと「四書」（『論語』『大学』『中庸』『孟子』）を新たに経典にすべきだとしたのです。

井沢　そもそも「五経」にしても、孔子が編纂《へんさん》したものと言われていますが、違うでしょう。

石平　孔子が五経を編纂した事実はありません。『詩経』を読んだことは確かですが、それだけのことです。

井沢　仏教も似たようなところがあります。悟りを開いた釈迦が教えを説き、その教えを弟子たちがどんどん膨らませて「大乗仏教」とした。「大乗仏教」も、すべて偽典で、釈迦とは何の関係もありません。

家族のためなら法も犯す

石平　中国人の行動原理を理解するのに、重要なキー

ワードが「家族」です。井沢さんも指摘されていますが、「一族繁栄のためなら、公はどうでもいい」という発想が強い。

井沢　孟子のエピソードですが、弟子から次のような質問を受けました。
「もし国王の父親が国家の法律に触れる重罪を犯した場合、子である国王はどうすべきか？」と。公を優先するべきか、私を優先するべきか、難しい質問です。

孟子の答えは「父親を担《かつ》いで外国へ逃亡せよ」です。また、羊泥棒をした父親を警察に告発した息子がいたという話を聞いた孔子は「父は子のために隠し、子は父のために隠す。本当の正直とは、その中にある」と答えています（子路第十三篇・第十八条）。

たとえ国法上死刑に値するような重大な罪を犯したとしても、それが親ならば子は父を絶対に刑に服させてはならない。それは「孝」に反するというのが、儒教の根本的な考え方です。

石平　家族の倫理道徳と公は別ものだと。賄賂《わいろ》文化も、ここから派生しています。官僚からすれば、賄賂をもらうことは、家族の繁栄のためにいいこと。賄賂をもらうことで社会的利益を損なうわけですが、それを悪とは考えない。

井沢　利己主義の最たるものですね。そういった中国文化を外から眺めて不思議に思うのは、「絶対神」が存在しないことです。孔子は「怪力乱神《かいりょくらんしん》を語らず」と述べている。つまり、神霊的存在や超自然現象などは扱わないということでしょう。

たとえば、イスラム教では「アッラー」という「絶対神」が存在し、その前では人々は基本的に平等です。キリスト教も同じ。フランス革命が発生した理由もここにあります。国王・貴族は絶対だという考えが根づいていたとしたら、平民たちがその国王を捕らえ、ギロチン刑に処するなんてことは到底考えられません。

石平　日本の場合は、どう思われますか。

井沢　吉田松陰（幕末の思想家・教育家。一八三〇〜五九年）は、日本では「士農工商」という身分制度が厳然としてあるが、その上に天皇は絶対的に存在するものだとしたのです。天皇の前であれば、「士農工商」すべての民は、みな平等（四民平等）だと。これを私は「日本型民主主義」と呼んでいます。

朱子学をそういうふうに改変することで、日本は民主主義を達成することができた。逆に言えば、「怪力乱神」を認めない社会であれば、人間には格差が必ず存在し、平等な精神が生まれない。

石平　中国がまさにそうです。中国は「絶対神」の代わりに「天」を据えました。そして、その天の代わりに国を治める皇帝のことを「天子」と称するようにしたのです。

井沢　でも、天は何も言わないでしょう(笑)。

石平　そうです。天の意思がどこにあるのか、誰もわかりません。結局、皇帝自身が「天の代わりに」と称して勝手なことをやっているだけの話です。

井沢　日本の朱子学者が批判したのは、まさにその点です。要するにケンカの強いやつが勝って、国を治めて、威張っているだけではないかと。それに対して、日本は神様のご子孫である天皇が君臨しているから、我々のほうが優れているとしたのです。

石平　一方、中国は、皇帝を頂点に、官僚たちが皇帝の手足というピラミッド構造が固定化されます。だからこそ、中国では民主主義が実現できません。もう一つ、「易姓革命」が生まれた原因もそこにあります。

井沢　天を主体にしているから、「乱れた世を救うために、天は皇帝の担当者の姓をAからBに易《か》(替)えた」というわけですね。

石平　皇帝を倒せば、次は自分が天子になれるということで、何度も王朝の交代が発生してしまった。いわば中国の歴史は、閉鎖された世界から抜け出すことができず、延々と同じこと（血で血を争う権力闘争）の繰り返しなのです。

井沢　ヘーゲルは「歴史哲学講義」の中で、中国について国法と道徳とが分化せず「個人」という主体的な存在が確立しなかった、それゆえ中国では市民革命も近代化も不可能だ、と喝破してるんですが、最近この主張はヘーゲルの根深い東洋差別のもたらしたもので真実では無いという事になってます。でもその言葉はまさに中国史に当てはまる。習近平だって皇帝そのものですよ。

石平　まさにその通り！

中国の真の野望は世界征服にあり

井沢　皇帝が、民主主義を認めることは絶対にありません。自分たちの権威・権力を失うことになりますから。一方、台湾で民主主義が生まれたのは、平等の感覚を持っていた日本に統治されたことが大きかったと言えます。香港もそう。英国の植民地となったことで、英国人の平等感覚に香港人が感化されたのです。

中国からすると、台湾は、野蛮な日本が日清戦争を通じて奪っていった。香港はさらに野蛮な英国がアヘン戦争・アロー戦争を通じて奪っていったと思っている。しかも統治時代に洗脳され、民主主義という〝ウイルス〟に侵されてしまった。だからこそそれらを根絶することが必要だ――。そういう発想なのです。

石平　香港では民主派前議員らが何十人も逮捕されています。民主活動家も同様に摘発されている。

井沢　民主派を根絶するまで中国は徹底的に弾圧するでしょう。

石平　しかも、中国の民衆は、香港の状況について同情しません。皇帝の統治による安定的な社会を営んでいるのに、香港の不穏な輩《やから》が騒いで邪魔をしていると見ている。

厄介なのは、皇帝は天子である以上、中国で崇拝されているだけでは我慢なりません。周辺諸国もひれ伏して朝貢しないと、天子の証明とならない。

井沢　まさに〝華夷秩序〟です（笑）。

石平　皇帝の独裁権力を支える上で、〝華夷秩序〟はとても重要な装置なのです。

井沢　そういう意味で、中国の真の野望は世界を征服することでしょう。国内でも平等がないということは、国と国の関係でも平等関係はあり得ないということになる。中国がもっとも満足するのは、米国大統領が中国に朝貢することです。それによって、米国大統領を「米国国王」に任じる。欧米諸国は中国のこういった実態というか、根本にある中華思想を、まるきり理解していません。

石平　二〇一七年十一月、トランプ前大統領が訪中した際、習近平は紫禁城《しきんじょう》に招待しました。習近平からすると、紫禁城の主《あるじ》は私であると言いたかったのでしょう。中国にとって紫禁城は天子が住む場所です。そこに招待したということは、トランプ氏は習近平皇帝にひれ伏す「野蛮国の王」であると全世界に示したかったのです。

井沢　「中国」という名称自体が、「世界の中心の国」という意味です。周辺国はすべて野蛮な地域であるという前提に立っている。

石平　皇帝の権威を認めず、朝貢もしない国があれば、そこを征服することは当然のことになります。だから、中国からすれば「侵略」という意識すらありません。自分は天子さまですから、天下のものはすべて自分にひれ伏すとしか考えていません。

井沢　旧帝国陸軍は当時の中国（中華民国）に対して日本人虐殺等に抗議する意味を込めて「暴支膺懲《ぼうしようちょう》」というスローガンを使用しましたが、「膺懲」とは「懲らしめる」こと。元はと言えば、中国の皇帝が野蛮国を懲らしめるための言葉です。

石平　その精神が今も生き続けているのが、中国なのです。

儒教と共産主義の相性はいい

井沢　キリスト教徒であれば、「私が今生きているのは神様のお陰だ」と考える。しかし、儒教の場合、「絶対神」を認めていません。そうすると道徳の基準はどこにあるのかと言えば、「親」です。このように考えると、儒教の根源は、すべて孔子に行き着くのではありませんか。

石平　むしろ儒教は、孔子の教えの中からもっとも悪い要素を引っ張り出して、つくりあげたと言えます。そして、前述した科挙制度が、その後押しをしたのです。

井沢　では、『論語』の良さとはなんでしょう。

石平　「礼」の大切さや「仁」（相手を思いやる気持ち）の教えなどは評価できます。実を言うと、『論語』を最も正しく解読した人は、伊藤仁斎《じんさい》（江戸時代の前期に活躍した儒学者・思想家。一六二七〜一七〇五年）ですよ。江戸時代、徳川家康は武士社会の統治のために朱子学を導入しました。ですが、伊藤仁斎や荻生徂徠《おぎゅうそらい》（江戸時代中期の儒学者・思想家・文献学者。一六六六〜一七二八年）は朱子学の毒を見抜き、解体し、『論語』の原典に回帰していきました。だから、仁斎の論語評を読めば、『論語』の素晴らしさがわかります。

井沢　いわば逆輸入の形ですね。

ちょっとお尋ねしますが、どうして石平さんは中華思想に染まらなかったのですか。

石平　天安門事件（一九八九年）以前の私は、例えば台湾を併合して統一することに大賛成でした。中華文明が一番素晴らしい文明だと思っていたからです。子供の時から中共による洗脳教育を受けていましたからね。ところが、天安門事件が発生し、今の中国に対する幻滅が始まりました。さらに日本に留学し、生活していく中で、だんだん中華思想そのものが馬鹿馬鹿しくなったのです（笑）。そして、中国で生まれた思想や文化の優れたものは今の中国にではなく、むしろ日本にあるのではないかと気がつきました。そのあたりの「転向」については、『私はなぜ「中国」を捨てたのか（新装版）』（ワック）でも書いています。神戸大学大学院に留学していたのですが、三宮のジュンク堂へよく行きました。あるとき、奥のコーナーに「中国古典」と表示されている棚を見つけたんです。そこには「孔子」「孟子」「荀子」「墨子」「論語」「礼記」「史記」などがずらりと並んでいました。遠い昔の時代に、わが祖国から生まれた孔子さまなどの思想と心が、数千年の時間と数千キロの距離を超えて、この異国の日本の地に生きていたことを発見し、驚くと同時に感激したんです。

井沢　日本人の一人としてうれしいかぎりです（笑）。

ただ、中国共産党は天安門事件を見てもわかるように、独善の度合いがソ連よりも強いと思います。たとえば、ソ連は成立から六十九年で崩壊しました。崩壊の理由は経済的な弱さや、米国との軍拡競争に勝てないなどの面などがあげられますが、最大の理由は、中国との思想性の違いだったのではないでしょうか。

そもそもロシアは「ロシア正教」の信仰が篤い国でした。ゴルバチョフやエリツィンもロシア正教の洗礼を受けていると明言しています。そういう神の前には万人は平等であるという思想があったため、共産主義を憎んでいたレーガンやサッチャーであっても、最後には、同じ信仰を持つものとして手を差し伸べたわけです。

ですが、中国は「無神論国家」です。私が思うに、「儒教と共産主義」の相性はとてもいい。

石平 それは言えます。

井沢 儒教下の中国は、神なき「無神論」国家であることです。二つ目が「少数のエリートが愚かな大衆を指導すべきである」と教えられてきた。三つ目が「資本家は悪である」ことの強調です。ただ、鄧小平《とうしょうへい》以降の中国は、必ずしも資本主義を完全には否定していませんが、ほかの二つの教えは根強く残っています。長年の儒教の土壌があったからこそ、中国の中に「唯物論」「プロレタリア独裁」、そして「資本主義撲滅」を目標とする共産主義が自然と入り込んでしまった。

ソ連は崩壊したから、中国共産党の支配もいずれ同じように崩壊し民主化の道をたどるだろう、現に資本主義を取り入れるようになったから、変化するだろうと思っている人もいますが、そんな単純な話ではないと思います。

石平　マルクス・レーニン主義が一番受け入れられる場所は、ソ連以外には一つが中国であって、もう一つは北朝鮮です。両方とも元々朱子学の国ですね。この点に関しては、北朝鮮は中国以上です。厳格な朱子学が「李氏朝鮮」にあったように、厳格な共産主義が北朝鮮に生まれて存続していると言えます。もっと言えば、レーニンは〝ロシアの朱子〟だった。

井沢　儒教的な支配体制における「士」が、共産主義における「共産党員」なわけですね。

石平　その流れを受け継いでいるのが、習近平政権です。共産党の支配を「絶対的善」とする一方、企業家・商売人は「悪」としています。ジャック・マーを弾圧し、アリババを徹底的に虐めたのも、それが理由です。

その一方、習近平が皇帝であることの正統性を保証するため、「人類運命共同体」という概念を打ち出しています。この共同体をまとめるのは一体誰なのか。「人民日報」

は一面で、「習近平主席こそが世界の未来の道を示す」と書いていました。

井沢　呆れて物が言えません。

石平　二〇二〇年九月、国連の総会で習近平は、こんなビデオ演説を行いました。

七十五年前、中国は世界反ファシズム戦争の勝利に歴史的貢献をし、国連創設を支持した。今日、同様の責任感を堅持し、中国は国際感染症対策協力に積極的に身を投じ、世界の公衆衛生上の安全を守るため中国の力をささげている。われわれは引き続き各国と感染症対策の経験と診療技術を共有し、必要のある国を支持、支援し、世界の防疫物資供給チェーンの安定を確保し、またウイルスの発生源追跡と感染経路についてグローバルな科学研究に積極的に参加する。

中国は世界最大の発展途上国で、歩んでいるのは平和発展、開放発展、協力発展、共同発展の道である。われわれは永遠に覇を唱えず、拡張をやらず、勢力圏を求めず、いかなる国とも冷たい戦争も熱い戦争もするつもりはない。対話によって意見の相違を埋め、交渉によって紛争を解決することを堅持する。われわれは自国だけ良くなることを求めないし、自国だけ勝とうとしていないし、扉を閉じて閉鎖することもない。

国内大循環を主体とし、国内・国際ダブル循環が相互に促進する新たな発展の枠組みを徐々に形成し、中国経済発展のための余地を開き、世界経済の回復と成長に原動力をもたらす。

中国は引き続き世界平和の建設者、グローバル発展の貢献者、国際秩序の擁護者であり続ける。国連の国際問題における核心の役割発揮を支持するため、私は次のように宣言する。

歴史のバトンはすでにわれわれ世代の手にある。われわれは人民に恥じない、歴史に恥じない選択をしなければならない。われわれは団結し、平和、発展、公平、正義、民主、自由の全人類共通の価値を堅守し、新型国際関係の構築を推進し、人類運命共同体の構築を推進し、世界のより素晴らしい未来を共に築こう。

武漢ウイルス発生の責任を取ることもなく「人類運命共同体の構築を推進する」としゃあしゃあと話しているのには唖然とさせられますが、演説の翌日、中国の国連大使が『人民日報』で「習主席のビデオ演説は国連の未来の方向性を決めた」と絶賛しました。

井沢 信じられません。

石平 何の資格があって、習近平が国連の方向性を決めることができるのか。まさに「天子様」のつもりです。

民衆も毒されている

井沢 でも、そういった指導体制のウソを、中国人は気づいてはいないのでしょうか。

石平 自分たちの利益にかかわることは、分別力が働きます。でも、それ以外のことは、無関心か、あるいは信じるフリをしています。最高指導者が国連の方向性を決めているという話を聞けば、悪い気はしない。そういうとらえ方です。

井沢 中国がいかに「異質な国」「異常な国」であるか、そこをよく理解しないといけません。

石平 国際的常識なんて、まったく通じません。特に日本人は「一《いち》衣《い》帯《たい》水《すい》」「同《どう》文《ぶん》同《どう》種《しゅ》」という言葉に酔いしれて、中国に対する見方を誤りやすいのです。顔は似ていても頭の中はまったく違う。

井沢　中国を変えることはできますか。石平さんのように、目覚める人たちが出てくることはないのですか。

石平　その可能性は低いですね。

井沢　中国の学生の多くは米国留学をしていますが、そこで民主主義を見聞したり、じかに体験する。中国に帰ったら、意識は変化していると思いますけど。

石平　そういう人たちは米国から帰国しません。孔子の教え通り、家族が繁栄しさえすればいい。自国がどうなろうと知ったことではない。一族の身の危険を顧《かえり》みず、中国に戻って体制を変えようとするのは愚かな行為だと考えているのです。

井沢　それでも志を立てて、中国を変えようと思う人間が一人くらいはいるでしょう。

石平　いますが、いても、すぐに監獄行きです。民主活動家で作家として活躍しノーベル平和賞を取った劉暁《りゅうぎょう》波《は》がまさにそうでした。

井沢　民主主義が繁栄する以前、世界の多くの国では、政敵（野党）はどこにいたのか。

答えは墓の下か牢の中ですが、中国はいまもそういう状態です。

石平　武漢で新型コロナが蔓延したころ、張展さんという女性フリージャーナリストが、実態を調査して、ネット動画を通じて発信しました。ですが、彼女はそのために逮捕され、懲役四年の実刑判決です。本人は「正義のためにやったことだ」と胸を張りましたが、母親は「私は娘に謝らないといけない。小さい頃から、娘に本当のことを言うことが大切だと教えてきた。だけど、私の教育が娘の人生を無駄にしてしまった」と。

井沢　「共産党の教えに従うべきだ」「悪いことだとしても目をつぶるべきだ」……そういうことを教えればよかったと言いたいわけですね。

石平　この母親の言葉は、すべての中国人の母親の胸を打ったと思います。中国では本当のことを言ってはいけない。一族を守るためには、ウソをついても全然平気です。

井沢　そんなところにも儒教の影響が浸透しています。

石平　儒教に毒されたのは皇帝だけではありません。民衆にも広がっているのです。だから民衆の心理には、絶対的な皇帝を求める気持ちがあります。中国国内には監視カメラが無数に設置されています。民主主義社会に生きている我々からすると、そんな監視社会はとても耐えられません。ですが、多くの中国人は、そういう社会環境を良しとします。

井沢　なぜですか。

石平　泥棒だって監視されているから、治安維持のためにいいと。

井沢　そこまで身分制度の弊害がひどくなっているということですね。だから、ジョージ・オーウェルの『1984』も中国では訳されている。ソ連や東欧では共産党の独裁体制が崩壊するまで発禁だったのに、それを読んでも、中国人は自国や自分たちのことだと思わないから、当局は検閲して発禁にしなくてもいいわけですよ。

野蛮な連中は山間部から

石平　不思議なのは、日本では朱子学の毒がそれほど回っていません。だからこそ、私も中華思想の誤りに気づくことができたのですが、それはなぜでしょう。

井沢　天皇の存在がやはり大きかったと言えます。それと科挙制度を採り入れなかったことも重要なポイントでしょう。

石平　江戸時代以前、儒教に対して日本は冷淡な態度をとってきました。むしろ、仏教を篤く信仰していた。そこも大きかったと思います。

井沢　前述したように、日本人は「怪力乱神」を信じる精神性があります。仏という「怪力乱神」が入ってきたときも素直に受け入れることができた。一方、中国人は究極のリアリストだと言えます。「天国・地獄があるなら、行ったことがあるのか」「神様がいるのなら、ここに出してみろ」と言う。確かに合理的に考えればそうですが、多くの人々は、見えない世界に対して信仰心を持ちやすい精神性がある。でも、中国の民衆は道教を信じていますが、エリート層になると、まったく神仏を信じません。「親から生まれたことは否定できないだろう。だから、親に対して孝を尽くせ」と。

石平　中国の古代文字、甲骨《こうこつ》文字は占いのためにつくられています。殷の時代まで、占いによって政治の方向性を決めていました。ですが、中原《ちゆうげん》で文明的な国家が誕生すると、山間部（主に陝西省《せんせいしょう》）から野蛮な連中が中原に侵攻し、征服することを繰り返していきます。殷の場合は周がそれにあたります。また、中華民国が誕生し、蔣介石《しょうかいせき》が南京で文治政治をしていましたが、毛沢東が率いる中国共産党がやってきて、中華民国を追い出した。中国共産党の根城はどこかといえば、延安（陝西省）でした。

井沢　まさに「歴史なき歴史」ですね。

石平　習近平も出身は北京ですが、若い頃、延安近くの村に七年間も下放《かほう》されていました。面白いことに、悪い連中はなぜか陝西省からやって来る（笑）。

井沢　下放のような体験をした人間が、国の指導者になるべきではないと思います。ある日突然連れ去られ、すべての情報を遮断され、ただ肉体労働をさせられる。こんなことをされたら権力の恐ろしさを肌感覚として実感せざるを得ません。だから権力を持つと政敵に対して苛烈にならざるを得ない。

石平　朱子学はまさにそう。野蛮国に追い出されたルサンチマン（怨念）から朱子学は誕生しています。毛沢東も同じです。湖南省の田舎出身で、地方の師範学校を卒業しました。それから北京大学の図書館に勤めることになった。そのとき、中国共産党の大幹部で、大学の図書館館長だった李大釗《りたいしょう》が、同じ共産主義者の誼《よしみ》も手伝って、毛沢東を司書補に引き立てたのです。毎日、図書館に来るのは、北京大学の教授、大学者たち。毛沢東は湖南省なまりでそういった学者連中に話しかけるのですが、田舎者だとバカにされて、まったく相手にされなかった。

井沢　学者に対する恨みの体験が文化大革命につながったわけだ。中国も韓国も「恨み」の気持ちが根深く残る（笑）。

石平　それも朱子学の影響ではありませんか。江戸時代、家康が朱子学を導入し、寛政の改革を実施した松平定信（江戸幕府の老中。一七五九〜一八二九年）のような原理原則的な人物も登場しました。ですが、朱子学の影響は武士階級にとどまり、一般民衆はそれほど関係がなかったと言えます。町人たちは儒教的思想をむしろ一種の商売道徳として、上手に活用した。

井沢　先ほど話したように、朱子学は日本型民主主義の源流ともなった。日本において、朱子学は一〇〇％悪だとは言えません。

石平　朱子学の論理を生かして、明治維新が実現できたとは言えるかもしれませんね。

信長軍VS帝国陸軍

井沢　ところが、明治以降になって朱子学の毒が回ってしまった。天皇を必要以上に絶対視するようになり、特に帝国陸軍が組織的に硬直化します。そこから昭和の敗戦につながる。

石平　ご指摘のように、科挙制度と似たような学歴重視の教育制度は、むしろ明治以降に導入されたと言えます。

井沢　国家公務員試験がまさにそう。試験に受かれば、どんなに年齢が若くても日本のトップ官僚になれてしまう。朱子学の悪い部分が明治以降に出てきます。帝国陸軍もそうでした。陸軍士官学校出身者でなければ、どれほど頑張っても少佐以上に出世できないし、陸軍大学を卒業しなければまず大佐どまりで将官になれない。つまり、どれほど優秀な人間でも、実力で指揮官にはなれない。

さらに兵器にはすべて菊の御紋（皇室を表す紋章）が入っていたため、たとえ劣悪な兵器だとしても切り替えることができなかったのです。使いこなせないのは練習が足りないからだとなる。これも朱子学の悪影響の一つです。

織田信長軍と帝国陸軍が戦ったら、どうなるか。そういうシミュレーションを考えたことがあります。「一晩」が条件だと、織田軍は負けるかもしれません。ですが「長期戦」であれば、織田軍が必ず勝利すると思います。

石平 羽柴秀吉など、身分に関係なく能力があれば活躍の場を与えられる織田軍のほうが、柔軟性があるわけですね。

井沢 兵器にしても、信長は優秀な兵器だったらドイツ製であろうが、チェコ製であろうが、積極的に取り入れていったでしょう。日本製にこだわらず、最新鋭の武器を購入し、戦力を増強する。そういう意味で、織田軍のほうが帝国陸軍より優れていると評価できます。

石平 日本は一日でも早く中国の影響から脱しなければなりません。ですが、本居宣長《もとおりのり》長《なが》(江戸時代の国学者・文献学者・言語学者・医師。一七三〇~一八〇一年)が言うように「漢意《からごころ》と大和心《やまとごころ》」の相剋《そうこく》が、今も日本では続いていると言えます。

井沢　中国文学者の高島俊男さんが指摘していましたが、漢語とは永遠に縁を切ることはできません。「くされ縁」という言葉がありますが、「くされ」は大和言葉で、「縁」は漢語です。日本語から漢字をすべて追放したら、同音異義語だらけで意味がわからなくなる。韓国では漢字の使用を禁じましたが、同音異義語だらけになり、多くの語彙《ごい》が消えてしまったのです。名前だって漢字表記ですから、漢語とは完全に縁を切ることはできません。

石平　それればっかりは、致し方ない。

井沢　ただ、タイムマシンが存在するとして、過去に一人だけ殺してもいいとなったら、私は朱子を選びますね（笑）。今の東アジアの風景はまったく違ったものになったでしょう。でも、そうしても、また別の朱子が生まれたかな。

石平　そうかもしれません（笑）。朱子学の毒を抜け出すには、とても時間がかかる。この本の対談が一つのよすがになればいいですね。次章でも引き続き、朱子学の害毒について論じていきましょう。

第二章
朱子学の毒について

等閑視《とうかんし》されていた儒学

石平　前章で、中国を中心に東アジアに深刻な影響を与えた朱子学について見てきましたが、日本でもその影響は免れませんでした。そもそも日本に儒教（儒学）が入ってきたのは、仏教より少し早かった。

井沢　そうですね、六世紀前半だと言われています。

石平　ところが、当時の日本人は儒学よりも仏教の導入に心血を注ぎました。聖徳太子の法隆寺建立（六〇七年）がその最たるものです。以降、江戸時代まで、日本の思想史の中心人物は空海や最澄《さいちょう》、法然《ほうねん》、親鸞《しんらん》、日蓮、道元《どうげん》など、仏教関係ばかり。

井沢　日本人の儒学者に目立った人物はいません。

石平　江戸時代以降、日本人が儒学を積極的に受け入れるようになった大きな理由は何だったのでしょうか。

井沢　徳川家康が、朱子学を国教のように扱ったことが大きかったと言えます。それ以前は、日本では朱子学は、それほど研究されていませんでした。中国の文献を詳細に読解できたのが、室町時代の五山《ござん》文学（鎌倉時代末期から室町時代にかけて禅宗寺院で行われた漢文学）の担い手と言われる人々です。

石平 義堂周信《ぎどうしゅうしん》（一三二五〜八八年）らがいました。

井沢 つまり、儒学の書物は禅僧を中心に読まれていたのです。中国文学者、吉川幸次郎氏の『日本の心情』（新潮社）には、日本における儒学の受容史が紹介されています。五山文学の担い手たちの詩文は、本場中国でも通用するほど見事なものだと。

石平 私も禅宗関係の資料で五山文学に多少触れたことがありますが、確かに見事な詩文です。

井沢 時代ごとに漢文の書き下しの方法が変わりますが、全然理解されていない場合と、中国語的に正しい場合の二つにわかれるそうです。五山文学の僧侶は中国留学もしていますから、正確な中国語を理解していた。ただ、彼らにとっても、儒学は最優先課題ではなかったのです。最初に「仏典」、次に「詩文」、最後に「こういうものもある」と儒学を紹介したようです。

石平　つまり禅僧たちにとって、儒学の研鑽は単なる本業以外の余興みたいなものですね。

井沢　ただ儒学は完全に無神論です。無神論の哲学を有神論の仏者が講じる、というとても歪《いびつ》な構図が生まれてしまったのです。それが江戸時代まで続きました。

石平　江戸時代の代表的な儒学者、藤原惺窩《ふじわらせいか》（一五六一〜一六一九年）も相国寺《しようこくじ》の禅僧だったでしょう。

井沢　そうですが、惺窩は、僧侶が儒学を説く矛盾に気づいた。だから、惺窩は還俗《げんぞく》（一度出家した者がもとの俗人に戻ること）して、儒学を説くことにしたのです。弟子の林羅山《はやしらざん》（一五八三〜一六五七年）も似たような考えだったのでしょう。

徳川家康のトラウマ？

石平　家康が朱子学を積極的に取り入れた理由は何だったのでしょうか。

井沢　「本能寺の変」（一五八二年）を目の当たりにしたからだと思います。明智光秀という一介の浪人を、織田信長は大名にまで引き上げました。ところが、光秀は信長を裏切り、殺害した。そして、その光秀を破り、天下を制したのが羽柴（豊臣）秀吉だった。信長は光秀以上に秀吉を取り立てたのです。一介の農民から大名にさせたのですから。ところが、秀吉は信長の息子、信雄・信孝が生きていたにもかかわらず、天下を乗っ取ってしまった。いわば、大恩人である主君の信長を裏切った格好です。

石平　秀吉は、江戸中期、播磨（兵庫県）赤穂藩の家老で、藩主浅野長矩《ながのり》の仇討のため、吉良義央《よしひさ》の邸に討ち入り、切腹を命じられた〝忠臣〟の大石内蔵助《おおいしくらのすけ》（一六五九〜一七〇三年）ではなかった。

井沢　そういう、由々しき下克上の状況を見て家康は「日本の武士にはモラルがなさすぎる」と思ったのです。

石平　下剋上の世界に、家康も嫌気が差していたわけですか。それをどうやって克服するか、日本にとって大きな課題だったと思います。それは家康が秩序を重んじる儒学を導入した理由の一つでしょうが、もう一つの理由は戦国時代にかけて仏教は大きな権力を持ち、家康自身も一向一揆でたびたび悩まされたから、仏教への対抗の意味で儒学を持ち上げたのではないでしょうか。

井沢　実に激しい宗教一揆が繰り広げられていました。今の感覚からすると信じられませんが、その当時、日本全体が仏教熱に浮かされていたのです。本願寺の門徒は「宗主《しゅうす》様のためなら死んでもいい」と思っていた。むしろ、戦って死んだほうが極楽往生できるとまで考えていたのです。昨今のイスラム教過激派の自爆テロと何ら変わりません。

石平　信長の実力をもってしても、本願寺との戦い（石山合戦）が終わるまで十年もかかっています。

井沢　信長が比叡山焼き討ちに踏み切ったのは、当時は日本でも世界でも、同じ宗教なのに宗派が違うと殺しても良いというトンデモない「ルール」があったからです。それを世界で初めて信長が許さずに消滅させた。キリスト教世界でカトリックとプロテスタントが争いを止める前のことです。イスラム世界ではいまだにやっていますが、だから当時の仏教は武士のモラルにはなりえなかった。家康も宗教一揆に悩まされていました。ともかく日本に道徳規範がなければ、外国から輸入するしかない。当時、二つの海外思想がありました。一つはキリシタン（キリスト教）、もう一つが儒学（朱子学）だったのです。

ところが、キリスト教の場合、神の前では、みなが平等となる。身分社会をつくる上では不都合な宗教ですから、家康は排除した。そこで「忠」と「孝」という二本柱を植え付けるのにうってつけの、朱子学を積極的に導入したのです。

石平　惺窩や林羅山を中心に、武士階級に奨励していった。

井沢　大名も、家来たちが恩知らずの光秀や秀吉になったら困ります。右にならえで、日本中に儒学を教える藩校がつくられていきました。

石平　湯島聖堂（東京）や、閑谷《しずたに》学校（岡山）が、その名残ですね。

井沢　そういう意味で、家康は実に賢かった。平和な世界を築くために、家康は参勤交代という人質政策を実施しましたが、それだけでは足りない。人の心を変える必要があると考えたわけです。

石平　それが儒学の受容だった。ただ、不幸なことに、中国や朝鮮半島でその頃盛んだったのが儒教の変種である「原理主義の朱子学」だった。家康は朱子学の毒に気づくことなく、朱子学を導入してしまう（笑）。

井沢　気づいていれば、どうしたかな。いや、やっぱりモラルの確立に精一杯でそこまでは気がつかなかったんじゃないか。

忠臣蔵の真実

石平　そういう経緯があって、江戸時代、朱子学が〝指導的理念〟として奨励され、官学化されるわけですが、徐々に、朱子学の毒の影響が出てきます。たとえば、寛政の改革を実行した松平定信は「寛政異学の禁」（幕府が運営する聖堂学問所においては、朱子学だけを正しい学問として教えよという命令。その他の学派は「異学」と位置づけ、教えることを禁じた）を発令しました。

井沢　朱子学は原理主義的で、排外的な思想ですから、定信のような人物が出てくるのは当然です。ただ、五代将軍、徳川綱吉は英明な将軍でした。それほど朱子学を信奉していない儒学者の室鳩巣《むろきゆうそう》（一六五八〜一七三四年）や荻生徂徠《おぎゆうそらい》（一六六六〜一七二八年）を積極的に採用し、朱子学の毒を克服しようとしました。

新井白石《あらいはくせき》（一六五七～一七二五年）もその中から頭角を現したのですが、次の六代将軍、家宣《いえのぶ》に対して、綱吉のやり方を徹底的に批判したと言われています。朱子学に関しては、ちょっと原理主義的なところもある人物だった。

石平　白石は幕府の政策にも、かなり口を出すようになっています。

井沢　家康のブレーンだった林羅山の時から、儒学者はいわゆる政治顧問のような立場でした。それが綱吉の時代にはさらに強化される。ところが、白石の時代になると、儒学者が政治にも絡んできます。たとえば、前述の忠臣蔵の事件が発生したとき、どうしたものかと、綱吉は徂徠の意見を聞いたりしている。

石平　綱吉からすれば、忠臣蔵の事件は衝撃的だったでしょう。綱吉は刀を抜いて人を切ることとすら眉をひそめるほど。いくら主君に忠義を立てるためとは言え、やりすぎではないかと思った。

井沢　忠臣論を考える際、楠木正成《くすのきまさしげ》（不明～一三三六年）の一件が参考になると思います。正成が、平重盛、万里小路藤房《までのこうじふじふさ》と並んで三大忠臣として評価されるようになったのは江戸時代になってからです。それまでの正成は武士社会にとって裏切り者だった。キリスト教ならユダみたいなものです。なぜなら、正成は室町幕府を建てた足利尊氏に逆らい、後醍醐《ごだいご》天皇に忠義を尽くしたからです。そうまでして正成が後醍醐天皇に忠義を尽くした理由は、朱子学の影響によることと大だと思います。

石平　その頃、すでに朱子学の一部が日本に入り込んでいた。

井沢　後醍醐天皇は勉強家で、朱子学に傾倒しており、「この国は真の主君である天皇が治めるべきで、幕府は不必要である」と考えていたのです。それに尊氏は反発し、室町幕府を成立させます。天皇側か、武士側か、正成はどちらにつくか悩み、結局、天皇側についた。

ですから、正成は武士社会からみれば、いわば組合を裏切り企業側についた汚いヤツだと白い目で見られていたのです。この正成の地位が復権するのが江戸時代で、徳川光圀《みつくに》がその立役者でした。

光圀の影響

石平　徳川光圀といえば、ご存じ、水戸の黄門様ですが、『大日本史』を編纂し、水戸学の創始者の側面もあります。

井沢　明《みん》から渡ってきた儒学者の朱舜水《しゅしゅんすい》（一六〇〇〜八二年）を師としており、朱子学の影響を大いに受けました。日本の忠臣は誰かいないかを探したところ、正成にぶち当たったのです。それ以降、正成は幕府に逆らってまで天皇に忠誠を尽くした大忠臣として祭り上げられ、今や皇居前に銅像まで建っています。

石平　人物評価が大逆転してしまった。朱舜水の場合、彼は明朝と清朝の易姓革命を経験して明の皇帝が滅んだのを目の当たりにしました。そのため、万世一系の日本の皇室の重みと有り難さを日本人以上に分かっているから、いわば「勤皇思想」を光圀に説いたのでしょうね。

井沢　そのうえで、忠臣蔵の連中を考えると、彼らは果たして忠臣だったのか、ということです。中国の思想からすると、忠臣ではないでしょう。

石平　そうですね。中国的解釈からすれば、藩主の仇討ちのために幕臣の吉良上野介《こうずけのすけ》（義央《よしひさ》）を殺したことが、藩主よりも上位の将軍に対する不忠となるのです。

井沢　主君の浅野内匠頭《たくみのかみ》（長矩《ながのり》）は、実際に江戸城の松の廊下で吉良上野介に対して刃傷事件を起こし、その上で捕縛され、取調べの上、切腹に処せられた。ですから、家臣たちが吉良に復讐を果たすのは、逆恨みも甚だしい。吉良は切腹の切っ掛けだったかもしれませんが、被害者ですからね。

徂徠は「浅野長矩は一時の怒りに先祖の恩すら忘れて、吉良義央を殺そうとした。このこと自体不正義であるのに、（大石ら）四十七士は、その主君の〝邪志《じゃし》（邪《よこしま》な心）〟を継いだ。どうして、これが正義と言えようか。しかし士たる者、生きてその主君を不義から救うことができないので、むしろ、死を覚悟して亡君の不義の志を達成せしめたのだとすれば、その志や悲しく、情においては同情すべきも、天下の大法を犯した罪は断じて宥《ゆる》すべきではない」と批評しています。

石平　同情しつつ、果断な処置が必要であると説いたわけですね。

井沢　山崎闇斎《やまざきあんさい》（一六一九～八二年）の弟子の一人、佐藤直方《さとうなおかた》（一六五〇～一七一九年）は「幕府の裁定（切腹）は理に当たっており、彼らの志も義に当たっているなどという者がいるが、官裁が理に当たっているというのなら、彼らは不義の輩以外の何ものでもないはずである」と手厳しく批判しています。

一方で、浅見絅斎《あさみけいさい》（一六五二～一七一一年）は「まれな忠臣義士である」と一定の評価を下し、意見が二分していく。こう見ると、忠臣蔵事件から日本の朱子学は別種のものに変化していきます。

王者（天皇）と覇者（将軍）の格差に目覚めた武士たち

石平　家康は武士社会の秩序をつくり出すために、朱子学を導入しました。でも、そこに一つの大きな落とし穴があった。朱子学の頂点を極めると、世俗の権力の頂点に立つ将軍でも、一つの大きな枠組みの中に組み込まれているに過ぎないことになるのです。日本では将軍の上にまだ上がある。それが「天皇」という存在です。朱子学を突き詰めれば突き詰めていくほど、天皇に向かわざるを得ない。

井沢　それこそが家康の大誤算だったと思います。徳川家に反乱するような輩を抑えつけるために朱子学を学ばせた。しかし、その結果、朱子学を学んだ武士たちは「本当の主君は徳川家ではない。天皇だ」と思うようになったのです。朱子学流に言えば、天皇は「王者」、徳川家は「覇者」に過ぎないと。

石平　「王者」とは徳をもって世の中を治める理想的な君主、「覇者」とは戦争や陰謀などの力によって権力を得た君主のことです。

井沢　ただ、家康自身、そのあたりのことに関しての自覚はあったと思います。松平から姓を改める際、わざわざ徳川と「徳」の字を入れています。ただそれだけでは不充分だと思ったのでしょう。そこで家康は仏教と神道の力を借り、自らを東照大権現であると神格化させました。天上界から乱世の世の中を見かねて降りてきて、人間として苦労を重ねて天下を取り、今は天にお帰りになった。人間界にいるとき、人間の女性と交わり、子孫を残されている。つまり、徳川家は神の子孫であるという「神話」を創造したのです。

石平　家康としては、皇室に対抗しているわけですね。

井沢　天皇も神が人間界に降りてきて、人間の女性と交わり生まれた子供の子孫であるとしています。皇室は天照大御神《あまてらすおおみかみ》の子孫です。一方、東照は「アズマテラス」。家康は「これまでの日本は天照大御神の子孫である天皇が世を治めてきたけれども、これからは東照の神様の子孫である将軍家が世を治める」としたのです。ですから、家康としては朱子学をたとえ導入したとしても、世の中の価値観がひっくり返るとまでは考えていなかった。

石平　ただ、「征夷大将軍」という官位は、天皇からいただくもの。天皇という権威が厳然としてあることを示しています。

井沢　東照大権現という称号も、朝廷から許可を得ています。朝廷からではなく、独自の役職や称号を考え出せば、朝廷の権威を脱することができたかもしれませんが、それはできなかった。

「権威」と「権力」の違い

石平　しかし家康は結局、天皇の権威を頂点とした政治秩序の中で幕藩体制をつくり上げるしかなかったのです。そういう意味では、日本の権威のあり方が、中国とはまったく違います。中国人が永遠に理解できないのは、次の一点です。家康は皇室をなぜ潰《つぶ》さなかったのか。そんなこと、やろうと思えば簡単にできるじゃないかと中国人なら考えますよ。

井沢　中国では「皇帝」と自ら名乗ればいいのですが、「天皇」は「神の子孫」です。たとえ、皇室を潰して自分が「天皇」になってみても、「神のDNAを受け継いでいるのか」と、その正統性をすぐさま拒否されてしまう。そのあたりのことを、儒学は無神論ですから理解することができない。そこのところは、迷信といえば迷信かもしれませんが、でも、その迷信こそが民主主義を誕生させる原動力になる、という面白い逆説があります。

石平　「権威」（天皇）と「権力」（将軍）の違いを日本は分けています。それは非常に賢明なやり方であって、そのおかげで、絶対的な権力者や独裁者が日本から出てこないのです。でも、中国は「権威」と「権力」を一緒にして手にしようとするから、いろんな問題はそこから生じてきています。

井沢　キリスト教やイスラム教は、イエスやアラーを信じるからこそ、神の前には平等だとなる。国王・庶民という「身分」は存在しないとなるから、フランス革命のように庶民が国王の首をギロチンにかけることができます。中国では一介の農民が皇帝の首を切っても、次の皇帝になるにすぎない。

　ところが日本では仏教の禅の影響もあり、儒教では卑しいとされる商行為なども一生懸命やれば認められるという精神風土がありました。何事も修行という考え方ですね。だから職業差別というのも生まれにくかった。したがって武士も農民も商人も同じという考えにつながり万人平等の道が開けたのでしょう。

石平　中国では、絶対的な権力者である皇帝の下では官僚が「大人」であって民は「草民」であるから、「万民は平等である」という意識なんて、絶対に生まれようがない。

井沢　それこそが朱子学の毒ですが、では、なぜ日本では民主主義が実現できたのか。吉田松陰が「天皇は神の子孫である」という伝統を利用し、天皇の前ではみな平等であるとしたのです。関白であろうが、将軍であろうが、一庶民であろうが、関係ありません。このことを私は第一章で申し上げたように「日本型民主主義」と呼んでいます。日本的平等の原点と言っても良いでしょう。

石平　明治以降の近代国家成立にとっても、天皇の存在は不可欠だったのです。

井沢　そういうことです。戦後、左派の連中は反天皇、天皇不要論を口にしています。日本を敗戦に巻き込んだ張本人だと言いたいわけですが、まったく無意味な論説です。明治維新で天皇を据えなければ、万民が平等と言える近代国家はできなかった。

石平　そういう逆説ですね。天皇を頂点に据えたからこそ、明治政府の廃藩置県も上手くいって幕藩体制を打破することができ、万民平等の近代国家をつくり上げたのです。

井沢　ただ、問題がなきにしも非ずです。ヨーロッパの場合、神という存在は目に見えません。

ですが、天皇は目の前に存在します。「これは天皇の思し召しである」と軍が勝手に言い出せば、国を操ることだってできてしまう。ここが大日本帝国のアキレス腱だったと言えます。ですから、天皇の権威などの政治的利用は厳に戒める必要がある。

田沼政治の是非

石平　ところで、江戸時代に話を戻しますが、朱子学は官学に祭り上げられ、「格物《かくぶつ》致知《ちち》」（物事の道理や本質を追究し理解して、知識や学問を深めること）「誠心誠意」「治国《ちこく》平天下《へいてんか》」という思想を武士たちは信奉します。一方で、町人・商人たちを見ると、儒学は受容していても、朱子学はそれほど広まっていないように見えます。

井沢　朱子学は「商人は人間のクズだ」と考えています。松平定信も「商は詐《さ》なり」、つまり、商売は賤《いや》しいものだと見ていました。農民とは違い、人が汗水たらしてつくったものを、右から左に流して利益を得る商人は、詐欺のようなものだと見ていました。

江戸時代、「享保の改革」（徳川吉宗。一七一六～四五年）、「寛政の改革」（松平定信。一

七八七～九三年）、「天保の改革」（水野忠邦。一八四一～四三年）という三大改革が実行されましたが、朱子学の影響が色濃い政策に基づいていました。いずれも、まずは農業を盛んにして国を豊かにしようとした。

石平　「商工業」はまるで無視。

井沢　「胡麻の油と百姓は絞れば絞るほど出るものなり」と豪語した悪代官（正確に言えば悪代官の総元締めである勘定奉行）の神尾春央《かんおはるひで》（一六八七～一七五三年）は、八代将軍、吉宗の部下でした。吉宗は商人から税を取るのは賤しいものだとして取らなかった。その代わりに、百姓から絞れるだけ税を絞ったのです。百姓からすれば、吉宗は悪い将軍ですよ。

石平　テレビドラマ『暴れん坊将軍』では、吉宗はさわやかな庶民の味方のように扱われています。

井沢　その吉宗の質素倹約的な政策に反抗したのが、尾張徳川家第七代当主の宗春《むねはる》です。宗春は商業重視で、商業を盛んにすれば、民も豊かになり、幸せになると考えたのです。ですが、当時の江戸時代の常識に従って、商人から税を取ることはなかった。

そのため、宗春は金を気前よくばら撒いて消費の拡大をしたところまではよかったけど、それならそれで完全な税制改革をして商人からもちゃんと税金を取るシステムを構築すべきだったのに、それができずに結果的に財政破綻に陥ってしまったのです。吉宗にその責任を追及され、隠居に追い込まれ、宗春の政治は潰された。でも、吉宗の享保の改革以降、百姓一揆が頻発するようになりました。実はその後始末を担当したのが田沼意次《たぬまおきつぐ》（一七一九～八八年）で、その実績を買われて出世するわけですが、当然意次は「朱子学的経済」ではいけないと考えたはずです。

石平　どの改革も成功したとは到底言えません。

井沢　ですから、吉宗の孫である十代将軍家治は、田沼意次を採用して、商業重視の政治を始めました。ですが、今の歴史教科書を見ると、「田沼政治」（一七六七～八六年）と表記されている。「〇〇の改革」とはなっていません。

石平　「田沼の改革」であるとの評価をしていないわけですね。

井沢　かつては「田沼の悪政」とまで言われるほどでした。

節約政策ばかり

石平　これこそ朱子学の悪影響と言えます。三大改革の中身を見ると、反商業主義の節約政策ばかりです。市場経済の毒から武士の精神を守ろうとしていたものの、結果的には失敗に終わりました。

井沢　米は江戸時代、立派な商品です。飢饉《ききん》のときになれば、米の価格は二倍、三倍と値上がりします。だから、豊作のときは売らず、蔵に入れて管理し、値上がりしたときに売ればいいのに、徳川家の武士は誰もしていません。商人のような真似をしたくないと拒んだのです。

石平　それほどまで商売を忌《い》み嫌っていた。

井沢　幕末、幕府を強くするためには資金が必要だと見た勝海舟は「まずは開国をして、盛んに海外貿易を行って、イギリスのように富んだ国家になって海軍をつくらなければならない」と提言したのですが、受け入れられるどころか、逆に命を狙われる羽目になったのです。「将軍様に賤しい商人の真似ごとをさせるのか」と。

石平　江戸時代では武士が商人から借金をするまでになった事実を知ったとき、驚きましたよ。中国だったら、支配階層が下のものから借金することなんてあり得ない。必要であれば奪い取ればいいのですから（笑）。いまの中国共産党が、アリババなどの民間企業の経営者を痛めつけたり、その儲けを収奪しているのと同じ！

井沢　日本の武士は、そんなことを考えない。一万両を商人から奪ってしまったら、それは商人の稼ぎを利用したことになる。でも、借りたものであれば返せばいい。商人に依存したことになりません。苦しい言い訳ですが。

石平　そういう意味で、いわば「士農工商」の身分制度は、別に上の武士階層が一番下の商人階層を抑圧しているイメージではなく、むしろ武士も商人もそれぞれ自分たちの「分」を守って役割分担をしている感じですね。ただ、幕府は鎖国時代にあっても、オランダとは出島を通じて外交貿易関係を築いていたでしょう。

井沢　それは家康という「ご先祖さま」が決めたことだからOKなのです。「祖法《そほう》」（先祖の法）と言いますが、これも朱子学の考え方の一つです。祖法は「孝の道」だから絶対守らないといけない。祖法を変えることはご先祖様を批判することになる。ただ、オランダとの貿易でも、幕府は儲け主義に走らなかった。オランダ貿易が幕府の財政に一度でも寄与したとは聞いたことがありません。幕府は賤しい行為はしたくないということで、長崎商人に丸投げし、その儲けは商人が独り占めをしていた。

そのため、「オランダとの貿易で江戸幕府の財政はしばしば救われた」などという記述は歴史教科書には一切ありません。というのも、「儲けてはいけない」というのが祖法にあるからですよ。つまり、幕府は「家康公の決めたこと」、つまり、「祖法」だから、出島の貿易を廃止できずに嫌々やっていたから、それを「財政の一助」にしようとは夢にも考えていなかったのです。

石平　つまり江戸の幕府には節約をもって財政難を克服する発想があっても、貿易などで財源を増やす発想はないのですね。

井沢　わかりにくいかもしれませんが、たとえば、岸田首相が「反社会勢力が莫大な利益を上げている。この存在を公認し課税すれば国家財政は救われる。コロナ禍の困窮国民に十万円ばらまける」と言ったとしたらおそらくほとんどの日本人は反対するでしょう。理由は「人間のクズのやることを公認し国家財政を立て直そうとするとは何事だ!」と。それと同じ感覚で江戸幕府は出島でのオランダとの交易を見ていたのですよ。商業活動を蔑視していたのです。

中華すら必要ない

石平　そういう「朱子学」を重んじた武士たちの「商売蔑視」は、昨今の過激なイスラム教徒の「神の教え」に基づく「女性蔑視」にも似たものかもしれません。武士は「商人」を「人間のクズ」とみなしていたわけですから、江戸の商人の立場からすると、朱子学は自分たちの商売行為を阻害するものだと考えられていたのではないでしょうか。だから町人の社会はやはり儒学を嫌っていたのでしょうね。

井沢　江戸時代の約二百六十年間、徳川幕府は朱子学を武士に叩き込んできた。「商売は人間のクズのやること」という偏見を押しつけ洗脳してきたわけです。明治になって、それでは欧米列強と伍していけないということになり、明治天皇は「上下《しょうか》心ヲ一ニシテ盛ニ経綸ヲ行フベシ」（国民すべてが経済活動に励めよ）」と五箇条の御誓文で国民に訴えましたが、これまで「商売も、貿易もすべて悪」と教えられてきた日本人はそう簡単に方向転換はできませんでした。

「金儲けはいいことで、国のためにもなる」といくら強調しても、「そもそも金儲けは悪」と子供のころから教わってきたのだから、よほど納得できる理由がなければ、百八十度の方向転換などできるわけもない。

ところが、この絶望的な困難な課題を解決したのが渋沢栄一でした。彼はどうやってそれを実現したのか？

渋沢栄一は、『論語』は商売を決して賤しいものだと蔑《さげす》んでいないとみていました。儒教は学問第一ではあるけれども、開祖の孔子や、孟子の時代は商売に対する偏見はさほど強くはなく、それをヒステリックに強化したのが朱子学の祖、朱子であったとみなした。だから、朱子を捨てて本来の儒教である孔子・孟子に戻ろうではないかと呼びかけたんです。

そこで、孔子はいかに商業を重視していたかを知らしめるために『論語と算盤』という著書を世に出して「孔子の教旨を世に誤り伝えたものは宋朝の朱子であった」(『朱子学の罪』)と広く世間に訴えました。当時の教育でも、朱子学以前に『論語』で子供たちへの教育をしていました。初等教育しか受けていない人でも、『論語』は知っている。だから、彼の作戦は大成功でした。

でも、この考え方は、実は渋沢がオリジナルではなく、伊藤仁斎《いとうじんさい》(一六二七〜一七〇五年)がすでに言及しています。

石平　仁斎はまさに町人出身の学者であって、朱子学から離反して古義学《こぎがく》を提唱しています。古義学とは朱子学を批判し、朱子を通じての『論語』ではなく、直接、『論語』という原典を読むべきだという考えです。さらに徂徠は『論語』より以前の「六経《りくけい》」(儒教の基本的な六つの経典。『易』『書』『詩』『礼』『春秋』『楽』の六つの経書)を重視する。

井沢　孔子に影響を与えた最大の古典に戻って、そこから始めればいいとした。「古《こ》文辞学《ぶんじがく》」と言います。朱子学を無視して原点回帰せよと。このことを漢語で「維新」と言います。

石平　さらに賀茂真淵《かものまぶち》(一六九七〜一七六九年)や本居宣長《もとおりのりなが》(一七三〇〜一八〇一年)な

どの国学者が登場してきます。中国の古典さえ通り越して、『古事記』や『万葉集』など日本の古典こそがすべてだと。

井沢　こういった流れは、日本の中国に対するコンプレックスから来ているのでしょう。山鹿素行《やまがそこう》（一六二二〜八五年）は『中朝事実』という本を書いていますが、〝中朝〟とは日本のことを指す。「中国」と偉そうに言うが、実態はどうか。王朝が次々に交代している。一方で日本は万世一系の国だと。だから、日本こそ世界の中心であるとしたのです。ちょうど明が清に滅ぼされた時期とも重なっていて、中国の伝統は日本が受け継いでいると考えたのです。

石平　そういうナショナリズムのメンタリティが胎動しだした。

井沢　さらに神道とも結びつき、天皇が一番偉い存在であるとなれば、日本は中国を超えた〝神州〟であると言い出す。

石平　それでも山鹿素行は「中華」というものに最高の価値を置いて、「日本こそ中華だ」と言っていますが、後の宣長になると、中華（中国思想）すら必要ではなくなります。中華文明が入ってくる以前の純粋な日本の思想に最高の価値を置いた。ところが、明治以降、再び朱子学が息を吹き返してしまう。

官僚制度の弊害

井沢 明治国家となって、官僚制度を生み出したことが、その元凶ですよ。国家試験に合格した者が優秀であり、国家の中枢を担うべきだとした。ただ、最初の頃は良かったのです。

それまで「おれは将軍家の家来だから、大名の家来より偉い」「同じ貴族だけど関白になれる家柄だった」と身分差別が強くあったのですが、試験制度であれば、商人であろうが、農民であろうが、誰でもチャンスがある。

石平 まさに「科挙制度」そのものです。中国では隋から清の時代まで科挙制度が続いていましたが、日本は朱子学はともかくとして、科挙制度を拒否し続けてきました。ところが、明治になってから見事、「科挙社会」が生まれてしまったのです（苦笑）。

井沢 国家公務員上級職試験や軍人登用の学校の試験をパスすれば、高級官僚、高級軍人になれて、しかも大臣や大将に出世できる可能性がある。ですが、国家が成熟していく段階においては、組織の固定化など弊害が出てきます。途中採用や局長級ポストには政治任命などで民間の活力を利用すればいいのに、いまだに二十歳ちょっとで受けた官僚試験での成績順位を重視し続けている。大日本帝国軍でも、その弊害はありました。海軍兵学校と陸軍士官学校を卒業していなければ、絶対に軍隊の中では出世できなかったのです。しかも、卒業した時の成績も後々まで響いてしまう。

たとえば誰を指揮官に据えるべきか、その判断基準に悩んだとき、採用したのが卒業時の成績でした。現代の霞が関でも同じです。誰を次官にするか判断に悩んだとき、国家試験の合格順位で選ぶ。そんなバカげたことをいまだにしています。信長軍であれば、たとえ秀吉のように身分がない人間でも師団長になれたのに。

石平　だから織田家は柔軟な組織を生み出して天下を制覇しました。

井沢　米国では民間企業で働いていた人間が、国務長官以下の局長クラスに任命されることが多い。そういう柔軟性の高い組織をつくらないとダメです。

鍋料理文化の日本

石平　江戸時代の幕藩体制は、朱子学とは最終的に矛盾することになる。つまり、朱子学を突き詰めると、天皇に行き着かざるを得ない。明治の新体制は、この矛盾を解消したのです。

井沢　「四民平等」（士農工商の廃止）という考え方は、朱子学ではあり得ないことです。朱子学からすると、人間には格差があると考える。徳のあるやつもいれば、ないやつもいる。優秀な人間もいれば、無能な人間もいる。では、どうやって見抜くか。科挙を実施し、ふるいにかける。そうやって選ばれた人間が選ばれなかった人間を指導するのは当然だというわけです。現在の共産主義社会も同じです。選ばれた共産党員が愚かな大衆を指導する。

ところが、日本の場合は天皇という爆弾を持ってきたため、身分制が明治維新によって、すべて破壊された。天皇の前にはみな平等だと、「天皇の赤子《せきし》」という言葉も生まれました。翻っていえば、明治以降、日本国民は天皇を「父」としたのです。

石平　国民全体が家族であると。

井沢　「忠」と「孝」の問題がここでも問われます。中国の場合は「孝」のほうが「忠」よりも上です。たとえば、天下を左右する戦いに兵士として参加しても、親が病気で重態であれば、「孝」を優先して故郷に帰ってしまう。ですが、日本の場合はそれができない。天皇は父親でもあるから、天皇のために戦うことは「孝」を尽くすことになる。親の死に目に会えないということもあります。

石平　「忠孝一致」ですね。

井沢　だからこそ、日本は近代国家の道を歩めるようになったのです。

石平　中国はいまだに「忠」と「孝」の矛盾を克服できていません。皇帝とその一族は「一つの家」でしたが、民衆もそれぞれの一族を公よりも大事にするから、公と一族は常に矛盾をはらんでいる。解決の糸口はいまだに見出すことができていません。

井沢　常に家族優先です。

石平　だから、中国はいつまでたっても近代国家になれないのです。

井沢　一度だけ、中国史上、「忠」と「孝」の矛盾を克服したことがあります。毛沢東の文化大革命時代、紅衛兵の一人が母親の罪を密告し、処刑に追い込んだことがある。それまで考えられなかったことです。瞬間風速的ですが、毛沢東というカリスマの存在が、「孝」という意識を吹き飛ばしてしまった。

石平　そうですね。中国の伝統社会、特に農村社会は、どれほど王朝が交代しても一族中心に暮らしていました。ところが、毛沢東は農村社会を解体して、人民公社に吸収させた。そのとき、擬制的な「一君万民」の社会が実現したのです。ですが、その人工的な社会も毛沢東の死去とともに終わってしまった。

井沢　それに毛沢東時代、人々が幸せだったかというと、そんなことはありません。文化大革命などで何千万人もが死んだと言われています。「忠」と「孝」という矛盾に縛られている中国の悲劇性は、とてつもなく大きいと言わざるを得ません。

石平　その通りです。ところが日本の場合、朱子学が入ろうが、仏教が入ろうが、最終的には日本は日本のまま、という印象を受けます。キリスト教でも同じ。日本の伝統には、外来宗教や文化が変えることのできない強靭《きょうじん》さがある。作家の芥川龍之介は短篇『神神の微笑』で、「造り変える力」と言っています。この場合は、キリスト教にしても日本流に造り変えてしまうという意味です。

井沢　日本の文化は鍋料理と同じです。さまざまな具材が入ってきても、結局、鍋の中でグツグツ煮込んで、一つの料理となってしまう。

石平　それゆえか、どんな鍋料理を食べても、美味しさは抜群ですが、味がそれほど変わりません（笑）。

井沢　確かに中華料理のほうが味は千差万別ですよ（笑）。

お人よしすぎる日本人、海千山千の中国人

石平　ところで、日本は、中国との付き合い方だけは気を付けなければなりません。渋沢は『渋沢栄一「青淵論叢《せいえんろんそう》」』（講談社学術文庫／鹿島茂編訳）で「中国と付き合うには敬愛の心が大切だ」「お互いに情愛をもって交際するべき」と言っています。この考え方は現代まで引きずっているような気がします。福田康夫元総理は「お友達（中国）

の嫌がることをあなたはしますか。国と国の関係も同じ。相手の嫌がることを、あえてする必要はない」なんてことを口にしていましたね。でも、そのために、日本は中国に何度も裏切られてきました。尖閣諸島が脅威にさらされている中、「敬愛の心」や「情愛の海」なんていっても相手には通じないでしょう。

井沢　日本人はお人よしなんです。中国人は、ずるがしこい海千山千の連中ですから。彼らを日本人が操ろうなんて、とてもじゃないけど無理な話です。せいぜい利用されて捨てられないようにする。

石平　日本のビジネスマンが中国で商売をしたいのなら、中国人になり切るほかありません。平気で嘘をつき、人を騙す術《すべ》を身につけたほうがいいかもしれません。しかし、日本そのものは、自らの良さを保っていくべきです。中国の場合、人々が騙し合うのですから社会は、なかなかまとまりません。だから、カリスマ的な独裁者が必要になって独裁者支配の抑圧の社会になってしまいます。そんな社会は、日本はいらない。日本人は天皇を中心に、「天下一家」のような感じで、なんとなく一つの穏やかな社会でまとまっています。ですから、そこは日本人として自信を持つべきでしょう。

過去、中国の思想に影響を受けてきた日本ではありますが、中国に対して憧れを抱く必要はありません。冷静に、客観的に中国を観察し、適切な対応をするべきです。

第三章

朱子学と共産主義思想はこんなに相性がいい

中国には「皇帝」はいても「神」はいなかった

石平　第一章と二章で「朱子学のもたらす悪影響」について話してきました。朱子学を知れば知るほど、中国共産党が理想・理念として掲げるマルクス・レーニン主義と相性がいいことがわかります。本章では、このテーマについて論じていきましょう。

井沢　繰り返しになりますが、朱子学のもたらす特徴をいくつかあげると、日本だと「士農工商」という身分制度の固定化を助長する考えです。商人を侮蔑する思想でもありました。

一方、中国では、皇帝は世界の中心で絶対的な存在であり、周辺国は野蛮で制圧すべきだという「中華思想」を普及させ、そして自由な経済活動を認めず、無神論であることを拡散する考えとなります。

石平　マルクス・レーニン主義も朱子学と同じく、無神論で、かつ資本主義を敵視しています。そして、自分たちの思想こそ絶対的善であるとみなす点で共通しています。

井沢　中国人が無神論者であることに、私は懸念を抱いています。というのは、それゆえに民主主義が根付かないのではないかと思うからです。

たとえば、キリスト教やイスラム教のように、神という絶対的な存在がいるからこそ、人々はみな平等という思想が生まれます。日本も天皇という絶対的な存在がいるので、日本的な民主主義体制を生み出すことができた。

石平　日本人は宗教心が薄いと思われがちですが、山本七平氏は『日本人とユダヤ人』『日本教について』で、日本人は自分が日本教徒であるという自覚を持っていないが、「日本教」という宗教が存在し、それは血肉として日本人自身も自覚しないほどになっていると指摘していました。その意味で日本人は宗教的な民族といえます。決して無宗教ではありません。

前章で少し触れた芥川龍之介の『神神の微笑』で、老人がイエズス会の宣教師に対して、「我々の力というのは、破壊する力ではありません。造り変える力なのです」「仏陀が日本人化したように、キリストも日本人に造り変えられるかもしれない」と反問したことからも、それは自明でしょうね。

井沢　その点、中国では「皇帝」という存在はいても、「神」という存在はいませんから、万民が平等という思想は芽生えません。たとえば、中国の歴代王朝は、約千三百年にわたって科挙制度を実施してきました。朱子学（儒教）を徹底的に勉強し、厳しい試験に合格した人間を偉いと見なしたのです。万人に試験（門戸）は開かれていますから、そういう意味では、たとえ農民出身の子供でも科挙試験に合格すれば高級官僚になれるチャンスはあります。

ですが、基本的には、勉強がしやすい環境にある「士」という上流階級出身の子息が合格することがほとんどでした。むしろ、この科挙制度によって民主主義的な思想は排除され、愚かな民を我々選ばれた人間が指導していくという傲慢なエリート思想のほうが、より強烈になっていく。

資本主義は諸悪の根源だった

石平　共産主義も同じです。かつての「士」は、いまの「中国共産党員」にほかならない。私自身、幼少期から青年期まで中国で育ちましたから、そのような階級（思想）差別のすさまじさを肌で実感しています。

井沢　つまり、共産党員というエリート集団が愚かな下層民を指導するという上下の構図（階層・階級）が牢固《ろうこ》として存在する。そう考えると、中国では今後も民主主義的な国家が生まれる可能性はかなり低いのではないでしょうか。

石平　同感です。朱子学の根本思想である「理気二元論《りきにげんろん》」という考え方も、共産主義思想と通底する部分があります。

「理」とは「天理」とも呼ばれ、天地万物の生成・存立の根源のことです。それが人間を含めた森羅万象《しんらばんしょう》がよりどころとする根本原理であり、物事の基準となる絶対的真理であり、最高の善です。

これ（「理」）を共産党の言葉に置き換えるとどうなるか。

まず、共産主義の理想理念（マルクス・レーニン主義）こそは朱子学の「理」にあたる根本原理、絶対的真理、最高の善なのです。そして共産党という政党、あるいは共産党員は「理」の代弁者です。

井沢　ということは、今の中国の体制に置き換えると、共産主義思想は絶対的善であり、愚かな人民を善導する必要があるわけですね。

石平　そういうことです。そして、一方で「気」とはなにか？

天地万物を構成する微粒子状の物質的なものであり、この宇宙に充満しています。「気」が陰陽《いんよう》変化することによって、金・木・水・火・土の五行《ごぎょう》となって万物を形成すると考える。

つまり、人間世界を含めた森羅万象の背後にはすべて基本原理としての「理」があって、「理」があるからこそ自然万物が存在することになります。その一方、自然万物を形成するのには材料としての原資が必要になります。それが、すなわち「気」となるのです。

この「気」を、共産党の世界観に置き換えると、普通の民衆などがそれにあたるでしょう。

ともあれ、「理」と「気」は相関関係にありますが、人間にも「理」が存在すると朱子学は考えています。ところが、そこに「気」が入り込んでしまうと、「理」が濁《にご》ってしまい、悪に走ってしまったりすることもある。

「気」が生み出すのは、食欲や性欲などの肉体的な欲望と、それに基づく名誉欲や金銭欲や権力欲などのさまざまな欲求・欲望です。もちろん、理性の大局にある人間の感情もこの「気」から生まれると考えます。

そして「気」から生まれた人間の欲望欲求などはすべて「理」(天理)に対する抵抗マイナスとなって、人間が正しい理性と道徳観を持って正しい道を歩むことを妨害することになってしまう。「理」を心の中に持ちながら、「気」から生まれた欲望欲求に導かれて私利私欲に走る大衆が増えて、悪事を働き国が乱れることになりかねない。それをどうすべきか。

朱子学は「存天理、滅人欲」というスローガンを唱えることにした。つまり、人間はそれぞれ自分の心の中に宿る「天理」に目覚めて、その保存と拡大を目指す一方、「天理」の邪魔となる欲望欲求を切り捨てていけば、誰もが完璧な聖人君子となれる。その結果、社会は善の満ちた良い社会となり、天下国家は安泰する……。この理想社会「存天理、滅人欲」を達成するためにどうすべきか。

まずは、朱子学では、人間が「気」から離れ、「理」に立ち返る方法として「格物致知《かくぶっち》」（物事の道理や本質を深く追求し理解して、知識や学問を深め得ること）を提唱していくことにしたのです。

井沢　「格物、致知」に続いて「誠意、正心、修身、斉家、治国、平天下」となる。

石平　人間が自らの心に宿る「理」に目覚めようとするなら、まずは外部の物事を研究し（格物）、物事のなかにある「理」を理解（致知）しなければならない。そのためには「誠意」（意を誠にし）、「正心」（心を正し）、「修身」（身を修め）が必要になる。この「誠意、正心、修身」で心の修行を徹底的に行えば、人間は自らの欲望・欲求を撃退して正しい「理」に目覚め正道を歩むことができるようになると考えるのです。

こうした上で、人間、とくにエリート層の人間が次にやるべきことが、「斉家、治国、平天下」となる。家を整えて、国をきちんと治め、天下を安泰と平和へと導く……。

朱子学とは、要するに、「理気説」という宇宙論・人間論に基づいて、その八項目の実践法をもって理想的な「人間づくり」と「社会づくり」を目指す、一種の実践哲学なのです。

井沢　人民に克己心を持てと権力者が要求するわけで、共産主義からしても都合のいい教えとなりますね。

石平　そうです。理想社会実現のためにも、中国共産党が下々の国民に共産主義思想を植え付け、感化しなければならないと考える。しかも、これは中国国内だけではありません。全世界の人々を導くべきだと中共（中国共産党）は考えています。では、共産主義思想が絶対的善であるなら、その反対の絶対的悪も存在することになる。それが何かといえば資本主義。私は子供の頃、「資本主義は諸悪の根源である」と、徹底的に学校で教わりました。共産主義思想は、絶対的悪である「資本主義」を地球上から根絶する使命を帯びていると考えているのです。岸田首相が唱えている「新資本主義」も勿論、根絶対象ですよ（笑）。

井沢　彼らは、根絶のためには手段を問いません。殺人的行為もまったく厭《いと》わない。

石平　ある資料（『共産主義黒書』など）によれば、今までの世界史上で共産主義運動による死者は一億人以上に上るそうです。それだけ恐ろしい思想なのです。

資本主義、バンザイ！

井沢　先述したように、朱子学は商売行為をとにかく卑下《ひげ》します。共産主義も同じく資本家を敵対視します。

石平　だからピッタリ合う。

井沢　ところが、今の中国は実に巧みで、経済的に豊かになることを励行し、GDP世界第二位の経済大国までにのし上がった。たとえ話に置き換えると、子供の頃、万引きするのは犯罪行為だから、やったらダメだぞと教えられたのに、大人になった途端、万引きを大いにやりなさいと言われているようなもの。中国人はこの大いなる矛盾、価値観の大転換に対して、どのように受け止めているのですか。

石平　毛沢東時代、中国は朱子学よりも先鋭化した政策を実行しました。朱子学は「人欲」を滅ぼし、「理」だけの世界になるべきだと唱えましたが、毛沢東政権も同じく、人々の欲望を徹底的に抑制したのです。金持ちになるな、性欲を満たすな、貧しい食事に満足しろ、女に化粧は要らない……と。

井沢　ところが、フタを開けてみたら、毛沢東ほか幹部たちは酒池肉林《しゅちにくりん》の世界に生きていた。ジョージ・オーウェルの『動物農場』で描かれていた「豚」（支配階級）の世界そのものだった。

石平　そう。でも、毛沢東が生きている間、一般庶民はそんな事実を知りません。ひたすら禁欲的な生活に耐えていたのです。ところが、毛沢東が死去し、鄧小平が実権を握ると、経済力がなければ、中国は欧米諸国や日本にも対抗できないと考え、改革・開放路線にシフトした。「社会主義市場経済オッケー！」と。そこから一気に海外の情報や富が流入し、一般庶民は目覚めたのです。「資本主義、バンザイ！」と（笑）。

井沢　百八十度転換したわけだ。でも、一般庶民はこの方針転換に対して、中国共産党政府に不信感を覚えなかったのですか。

石平　確かに毛沢東政権の実態が明るみに出ると、一般庶民は共産主義の欺瞞《ぎまん》に絶望しました。しかし、資本主義の流入で、享楽的な生活に満足を覚え憂《う》さが晴れ、その絶望感が薄れていったのも事実です。鄧小平時代の初期に「万元戸《まんげんこ》」などと呼ばれる富裕層が誕生しても、中国共産党はむしろ、それらを奨励しました。そういう意味で、鄧小平は実に巧みだった。庶民の心理をよく理解していたのです。それとあわせて起こったことは、一般的な道徳・倫理も信じなくなった。

井沢　毛沢東は道徳・倫理を徹底的に破壊し、共産主義思想が絶対であると植え付けた。その反動がすさまじかったのですね。

石平　たとえば、「理想」「理念」なんていう言葉を口にすると、まわりからバカにされるようになりました。目の前の「欲求」「欲望」だけを充足させることこそが、絶対的善になったのです。

悪魔の証明

井沢　社会学用語で「アノミー」(社会規範の動揺や崩壊などによって生じる混沌状態、あるいはその結果である社会の成員の欲求や行為の無規制状態をさす)という言葉があります。たとえば、日本医師会の中川俊男会長が、我々に自粛を求めながら、本人は自民党の政治資金パーティーに参加していたことが発覚しましたよね。そういう「言行不一致な人物」に対しては、人々は信用を置かなくなります。さらに拡大して政府もそういう状態になれば崩壊に向かうのが一般的ですが、中国共産党政権はなかなか潰れない。

石平　先述したように、鄧小平は一般庶民の欲望に迎合する政策を打ち出しました。特に天安門事件（一九八九年）以降、知識人や学生たちの民主化運動に手を焼いた鄧小平は、知識人や若者たちと〝悪魔の契約〟を交わしたのです。

「反政府運動はやめてくれ。その代わりに金儲けと欲望を充足させるチャンスを与える」と。これで中国の多くの知識人やエリートは一斉にこの〝悪魔の契約〟に飛びついて、「反政府」をやめ、金儲けと欲望の充足に走ったのです。独裁政権による実害が特になく、好き勝手に楽しく生きられるのであれば、政府に盾突くのは愚かなことだと思うようになった。

井沢　欲望を満足させる中で、「こんな政府に統治されたくない」という気持ちは芽生えませんか。アリババのジャック・マーは資本主義を追求した結果、中国共産党政府から追い出されてしまった。享楽的志向もいずれ限界を迎えます。

石平　言論の自由や平等、人権などの「高等」なものを求める気持ちは、今のほとんどの中国人にはありません。現体制の中で物欲や性欲を享受できれば十分であると考えている。

井沢　朱子学など儒教には、「来世信仰」はありません。「悪いことをしたら地獄に堕ちるぞ」「来世は人間に生まれ変わることができないぞ」と言っても、中国人にはまったく通用しない。むしろ、そんな迷信を信じている奴らは愚かだと思っています。

石平　その通りです。現在の苦しみを我慢すれば、来世は幸せになるとは考えません。現在の欲望を充足させること。それが人生のすべてになる。

井沢　だから、やりたい放題なんだ。

石平　死んだら何もないと思っていますから、生きている世界で楽しむためなら、不正なことをしても、とくに罪悪感を覚えません。

井沢　一般庶民に広まっていると言われている「道教」にも来世信仰はありませんね。

石平　そうです。今、道教は盛んになっていて、特に葬式の際、道教の儀式が採り入れられています。

井沢　どういう方法で祀《まつ》っているんですか。

石平　ご先祖崇拝が主で、ご先祖さまは現世でもどこかで生きているように扱います。

井沢　それは面白い。日本の場合、死ぬと戒名《かいみょう》がつけられますが、みな物欲から解放され、仏弟子になったと考えるからです。だから、墓参りをするとき、せいぜい用意するお供え物はお饅頭くらいで、あとは花と線香をお供えするだけ。

石平　道教の墓参りは違います。高級外車や豪華別荘の紙模型をつくり、墓の前で燃やす。なぜ、そんなことをするかというと、ご先祖さまにも自分が得ている快楽を分け与えるという気持ちからです。

極端な例は、妻とは別の愛人の紙人形を燃やして捧げることもある。墓地の前でも、愛人の紙人形を堂々と売っていたりしますから。おまけに精力剤つき（笑）。ご先祖さまが愛人と楽しめるようにという配慮からです。また、不老不死も重んじており、長生きのためには性交を盛んにすべしと考えている。

井沢　呆れるほど徹底的な現世利益ですね（笑）。道教と朱子学はまるで正反対の特徴を持っている。道教が一般庶民に広く行きわたるのもわかる気がします。

「習近平学院」では世界を騙せないから「孔子」復活？

石平　中国人の行動原理として極端から極端に走る傾向が強い。これまでは極端な享楽的志向にあったため、次は禁欲的な朱子学的思想で人々を締め付けるようになる。

井沢　揺り戻しが発生してしまう。

石平　習近平政権を見ていると、まさにそうです。習近平は、共産党員はすべての欲望を捨てて、人民のために奔走《ほんそう》せよと言う。反腐敗運動を進めて、収賄や横領など汚職した幹部を次々と逮捕し徹底的に弾圧しました。さらには、共産党幹部はアダルトビデオをネットで閲覧しただけでも粛清対象です。

井沢　一般庶民に対しても同じなんですか。

石平　ええ。胡錦濤《こきんとう》政権時代、一般家庭内でも賭けマージャンが普通に行われていました。ですが、習近平政権以降、賭けマージャンは罰則の対象です。

井沢　そういう意味で、中国は朱子学的思想から逃れられていない？

石平　厳然としてあります。

井沢　一方で、中国国内では孔子の評価はあまり高くないように見られます。日本では『マンガ　論語と孔子』（飛鳥新社）がヒットするなど、いまだに孔子や『論語』への関心が高い。ですが、今の中国人の間で『論語』はどこまで読まれているのか。

石平　ほんの一部のもの好きな連中だけでしょう。

井沢　ところが、全世界に「孔子学院」という名称の学校が世界中につくられ、中国共産党の拠点とされてきた。考えてみれば、毛沢東時代、孔子は「批林批孔《ひりんひこう》運動」によって、その存在が中国共産党政権の手で排除されたのではありませんか。

石平　「林」とは元帥だった林彪《りんぴょう》のことで、毛沢東に反旗を翻し、クーデター未遂事件を起こしました。林彪が排除されるのは、ある意味当然で仕方ありません。では、なぜ孔子もその対象になったのか。孔子と林彪なんてまったく関係がないのにです。

それは林彪が粛清された後、林彪の寝室を調べると、孔子の言葉が掛け軸として麗々しく掲げられていたからです。

そこから孔子も排除の対象になったというのが一般的な説ですが、毛沢東の本当の心のうちはわかりません。ただ、毛沢東思想の実現を徹底的に追求するとなれば、孔子や『論語』を粉砕しなければ完遂することができないことも確かでした。

井沢　始皇帝もびっくりするような、毛沢東焚書坑儒《ふんしょこうじゅ》であったわけですね。ところが、二〇〇〇年代に入って「孔子学院」などと、「孔子」の名が復活しました。その理由は何でしょうか。

石平　世界を騙《だま》すための一つの看板にすぎません。たとえば「習近平学院」や「毛沢東学院」だったら、誰も来ないでしょう（笑）。

井沢　仰る通りです。「孔子」なら対外イメージがいい。

石平　教えている内容も、孔子や『論語』とはまったく関係ありません。中国語を伝授することを通じて、中国共産党のイデオロギーを植え付けようとしています。孔子は四大聖人（釈迦・キリスト・孔子・ソクラテス）の一人で国際的にも有名ですから、それを巧みに利用しているだけ。

井沢　プロパガンダの一環なわけだ。

石平　中国共産党政権は、利用できるものは何でも利用するのです。

屈辱史観を清算したい

井沢　石平さんのご指摘通り、朱子学の影響力は、本当に根深いものがあります。お隣の韓国・北朝鮮も「小中華」と言われるように、朱子学から大いに影響を受けています。特に李朝時代の五百年間、朱子学によって統治してきたので、この呪縛《じゅばく》からいまだに解かれていない。

韓国では、五年任期の大統領が代わるたびに汚職が摘発されるのも、まわりの身内にいいようにさせようとするからです。つまり、「公の概念」が育っていないのです。反日を続けるのも、自分たちは日本より優れているという「中華思想」にとらわれているからです。

石平　朝鮮半島では中国王朝に倣い、科挙制度も導入していました。

井沢　日本は朝鮮半島を併合した後、物心両面でさまざまな投資や改革をしてきた。

教育面でも学校制度をつくり、朝鮮半島を近代化させるために、エネルギーを注ぎました。英国の収奪するだけのインド統治とは、まったく別物だった。ですが、そんな日本の努力の甲斐も虚《むな》しく、韓国や北朝鮮から感謝の言葉の一つももらえない。むしろ恨まれています。その理由は朱子学に由来し、「自分たちのほうが日本より格上だ」と思っているから。

韓国は体裁上、複数政党制の大統領選挙もちゃんとある民主主義国家ですが、独裁的な傾向は否めません。朱子学の影響力のすさまじさが垣間見えます。ましてや北朝鮮のような個人（世襲）独裁国家が朱子学の呪縛から逃れるなんて、不可能ではないかとすら思えます。

石平　井沢さんの指摘通り、韓国は朱子学的華夷《かい》秩序の中に、いまだに生きています。

井沢　だから、慰安婦問題や、いわゆる徴用工問題で、日本側が正当性を訴えても、韓国は聞く耳持たずで一切受け付けない。ようやく、『反日種族主義』（文藝春秋）という本を執筆した李栄薫のような学者も出てきましたが、そういった人たちは韓国国内で徹底的に批判されています。親日発言をする学者は裁判で訴えられたりもしている。

石平　実は今の習近平政権も同じです。朱子学的な中華思想で、周辺民族（ウイグル、チベット、モンゴルなど）を徹底弾圧しています。その証拠に、習近平が国家主席に就任した翌日の二〇一二年十一月二十九日、「中華民族が偉大な復興を遂げること。具体的には二〇二一年までに貧困撲滅、二〇四九年までに『社会主義の現代化した国家』を実現する中華民族の偉大なる復興」というスローガンを掲げたでしょう。このスローガンをもとに、習近平政権は、この十年の間に諸政策を進めてきた。

彼の言う「民族の偉大なる復興」はどういう意味かというと、それは要するに次のような歴史観に基づくものです。

近代以前、中国は世界の覇権を握っていた。ところが、アヘン戦争（一八四〇～一八四二年）、アロー戦争（一八五六～一八六〇年）に負けて以降、野蛮な西洋列強諸国に蹂躙《じゅうりん》され、さまざまな不平等条約を強いられた。しかも、格下だと思っていた日本にも日清戦争に負け、領土（台湾）を横取りされた――。

井沢　十九世紀後半から二十世紀中頃までは、まさに中国にとって屈辱の歴史だった。

石平　この屈辱史観を清算するために、もう一度、中国が全アジアを支配し、さらに世界の頂点に立つ必要があるのです。それはすなわち、習近平の目指す「民族の偉大なる復興」の意味合いですが、この考え方は、朱子学の悲願にも通底します。

井沢　朱子学が生まれた時代も、王朝が周辺民族に支配され、屈辱の歴史を味わうことになった時期でした。

石平　頭の悪い習近平が朱子学を学んだかどうかはわかりませんが、ともかく過去の屈辱の歴史を晴らさんと、先のスローガン通り、「戦狼外交《せんろう》」を打ち出し、南シナ海を実効支配し、尖閣諸島の日本領海を何度も侵犯し、台湾を筆頭に周辺諸国を軍事力の威嚇によって同一化政策で呑み込もうとしているのです。

井沢　要するに習近平は「皇帝」になりたいのでしょう。世界の国々が中国にひれ伏し、朝貢《ちょうこう》することを望んでいる。ここまで野心を剝き出しにするような相手となれば、もはや膨張はお止めなさいなどといった話し合いで解決できるレベルではありません。目には目を、歯には歯をで、軍事力には軍事力で対抗するしかない。その意味で、日本に英仏独の軍艦（英国最新鋭空母「クイーン・エリザベス」など）が次々と寄港し、米国、オーストラリア、カナダ、ニュージーランドなどが、日本の艦艇および航空機と共同で南シナ海などで合同軍事演習をしたりしているのは結構なことだと思います。

北京冬季五輪は完全にボイコットすべきだった

石平　では、万が一、習近平の野心が実現し、中華思想が世界中で根付いたら、中国国民は幸せになるのか――そんなことは習近平にとってまったく関心がありません。習近平は自分が皇帝にさえなれれば、過去の中国の屈辱的な歴史をすべて払拭《ふっしょく》できると思っている。それだけがすべてです。

井沢　究極の自己満足ですね（苦笑）。習近平のやっていることを見ていると焦りを感じることがあります。世界のあちらこちらで戦狼外交を繰り広げ、鼻つまみ者になっている。鄧小平時代のように韜光養晦《とうこうようかい》戦略で西洋諸国と協力し、実力を蓄える政策を、あと十年続けていたら、中国による〝目に見えない侵略〟は後戻りができないほど進展していたでしょう。しかし、どこの国も中共の野望に気づいて、遅ればせながらも対策を取り出している。

石平　鄧小平の政策によって築き上げられた経済大国の上に、世界に冠たる軍事大国を築き上げたい。そうすれば毛沢東や鄧小平以上の歴史に名を残す偉大な指導者になれると思った。そこで前倒しで拡張政策を続けたために、世界中で中国の悪辣《あくらつ》さがバレてしまったのです。私に言わせれば「バカ」そのもの（笑）。ウイグルのジェノサイドにしても、西洋諸国が猛反発することは目に見えていました。

井沢　ただ、チベット支配が成功裏に終わってしまったのは痛恨の極みです。二〇〇七年、私は北京五輪（二〇〇八年）を日本はボイコットするべきだと書きました。その五輪直前に、チベットで民衆がかなり抵抗し、犠牲者を出しながらも国際社会にアピールもしたでしょう。

私の脳裏に浮かんでいたのは、一九三六年、ナチスの主導のもとで開催されたベルリン五輪です。この五輪で、ドイツは米国より多くの金メダルを獲得することができた。その結果、ドイツ国民は第一次世界大戦の敗者だったドイツがここまで復活を遂げたと、指導者ヒトラーを賛美するようになった。ヒトラーも国民人気を背景に、ユダヤ人差別を、国外追放ではなく、より増長して、虐殺にまで手を染めることになった。さらに五輪の三年後、ポーランドにソ連と共に侵攻し、その結果、第二次世界大戦が始まったのです。

こういう歴史的経緯を踏まえて、北京五輪に世界中の国々が参加すれば、中国もドイツの二の舞になると予想し、ボイコットすべきだと主張したのです。

ですが、結果的に開催され、のちには習近平のような独裁者が誕生してしまった。チベット支配も成功した。さらにウイグルのジェノサイドにも手を染めるようになったのです。

石平 二〇二二年二月の北京冬季五輪が開催されましたね。

井沢 日本をはじめ世界各国は、選手団の派遣を含めて北京冬季五輪を完全にボイコットすべきでした。世界中の国々の選手たちが参加したら、中国共産党は国民に向かって「米国やEUがウイグルのジェノサイド問題を取り上げているが、それはすべてウソだ。現に彼ら欧米諸国は五輪に参加したじゃないか」と言える。アメリカはじめ、カナダや英国や日本などがやった「外交的ボイコット」ではダメです。アピール度が弱いから。中共にとっては、「外交ボイコット」なら痛くもかゆくもない。実際、そうなりました。

石平　それは言わせてはなりません。世界に大きな禍根を残すことになる。

井沢　一九八〇年、モスクワ五輪のとき、西側諸国は、日本も含めてソ連のアフガニスタン侵攻に抗議するため、選手団の派遣をボイコットしました。これによってソ連のメンツは丸つぶれ、ソ連崩壊の遠因になったことは間違いありません。中国でも同じ歴史が起こることを期待したかったのですが……。

賄賂がないと困る

石平　ただ、多くの中国人は中国共産党の一党独裁体制が崩壊することを望んでいません。むしろ、西洋のような民主主義や自由、平等の社会よりも、我々のような専制主義的な体制のほうが優れているという声が国内には数多くある。その原因の一つがコロナ対策。

経済統計同様に、コロナ被害者の統計への信憑性には問題がありますが、ともあれ、中国は独裁政権だからこそ、コロナを封じ込めることに成功したということになっています。一方、英米やＥＵ諸国や日本やインドなどの民主主義国家は、人々の動きを完全には食い止めることができず、コロナが猛威を振るう結果になっていると喧伝している。

井沢　それこそ逆説的見解です。

石平　さらに中国は今や国内では監視大国であり、約二十七億台もの監視カメラが全国各地に設置されています。十四億の国民一人あたり二台という計算です。

井沢　そんなオーウェルの『１９８４』のような監視社会に嫌気が差していませんか。

石平　むしろ逆で、中国の若い世代を中心に「治安が良くなって安心して生活できる」と肯定的な評価が多い。このように独裁体制を賛美する風潮が生まれていることは事実です。

井沢　デジタル人民元を推進していますが、たとえば、身代金を要求する誘拐犯罪の場合、すぐに金の流れを追うことができますから、犯罪抑止の効果が期待されます。一方で、お金の動きがすべて政府に監視されるので、たとえば反政府主義者に資金援助しようとしても、すぐに出所がバレてしまいます。

石平　私はデジタル人民元が中国で定着することに懐疑的です。なぜなら現金がなくなると賄賂がなくなるから（笑）。中国社会は賄賂がないと、何も動きません。役人にとってもうまみがない。

井沢　むしろ役人になるのは賄賂をもらうためでしょう。「あなたのためにサービスするのだから、当然、何割分かを払うべきだ」と。そうやって私腹を肥やし、一族を繁栄させるのが中国のよき伝統とされていた。

石平　いわば賄賂は中国式資本主義の潤滑油のような役割を果たしています。そう考えると、デジタル人民元が徹底されれば、中国社会は停滞するほかありません。習近平に対して逆恨みする恐れもあります。

井沢　日本では寛政の改革時代（松平定信が老中在任期間中の一七八七年〜九三年に主導して行われた幕政改革）、あまりにも汚職摘発ばかりで、庶民の間で嫌気が差していた。そこで、それ以前の田沼意次《たぬまおきつぐ》時代の政治を思い出して「白河《しらかわ》の清きに魚も棲《す》みかねて　もとの濁《にご》りの田沼恋しき」という川柳が流行りました。

石平　中国の役人も習近平政権以前を懐かしく思っているかもしれません（笑）。

井沢　そもそも人民元に毛沢東の肖像画が使われていますが、適した人物と言えるでしょうか。ご存じのように、毛沢東は中国人民を歴史上、一番殺害した人物です。中国人民は毛沢東を忌《い》み嫌っていないのか。

石平　誰も毛沢東が直接手を下したとは思っていません。毛沢東は実に巧みで、自分の手を汚すことなく、お互いが殺し合うように仕向けたのです。だから、一般庶民は毛沢東によって殺されたなんて、まったく思っていない。また、毛沢東に近しい人物の殺害にしても、すべて、妻の江青《こうせい》にやらせている。こうして見ると、毛沢東はスターリンよりも圧倒的に悪です。

井沢　スターリンはロシア人を歴史上もっとも殺害した人物として、ソ連崩壊後は、銅像が倒されました。ですが、毛沢東はいまだに各地に銅像が建てられ、天安門広場にも肖像画が掲げられている。

石平　実は毛沢東時代の黒歴史である「文化大革命」については中国の教科書でも、それほど詳述されていません。中国共産党政府は「文化大革命」の失敗を人々の記憶から消し去ろうとしている。つまり、毛沢東の偶像崇拝を守ろうと必死なのです。

井沢　毛沢東に対する幻想が打ち砕かれない限り、中国の体制変換は望めないでしょう。

石平　一九二一年、中国共産党が結成されて、二〇二一年でちょうど百年でした。中国共産党の一党独裁体制がいつまで続くかは分かりません。中国という国、あるいは中国人が、朱子学や中華思想の呪縛から脱却するのは簡単なことではないし、穏やかな民主主義国家になる見通しは全く立ちません。日本人は中国人の背後にあるこれらの思想の正体を知り、より具体的な対策を立てるべきです。

第四章

北京の〝猫撫で声〟に騙される日本

呆れ果てる中国人の言動

井沢　結局、北京五輪（二〇二二年冬季）は予定どおりに開催されることになりましたが、二〇二一年夏の東京五輪の中国選手や中国人の言動には驚き、呆れるばかりでしたね。

石平　現代中国人の正体、本質があらわになったのです。中国のバドミントン女子ダブルスの賈一凡《かいっはん》選手のペア、陳清晨《ちんせいしん》選手は韓国戦のとき、終始、暴言を吐いてプレーしていた。プレーの節々に「我操！（ファック・ユー）」を連発（笑）。国を代表する罵倒語という意味で「国罵《こくば》」と表現されます。

井沢　なるほど。さすがに韓国バドミントン協会はこの発言を受け、世界バトミントン連盟に提訴したそうですね。韓国だって、ラフプレーや不規則発言の常習犯で、そんなこと言える立場なのか、と言いたいけれど（笑）。

石平　中国人（選手）の言動はとても五輪精神とは相容《あいい》れない。

井沢　中国の国技とも言える卓球でも波乱がありましたね。混合ダブルスで日本に敗退したこともあって、許昕《きょきん》、劉詩雯《りゅうしぶん》コンビは、中国で「国家を敗北させた」などと、相当な批判を受けました。

石平　中国政府にとって、五輪での金メダル獲得は国威発揚の道具なんです。一般民衆にとっても、外国の選手に勝つことで愛国主義の発露になる。だから、敗れた選手は徹底的に冷遇されます。国に恥をかかせた無能者扱いされます。

十四歳の少女の双肩に一家の運命が……

井沢　中国人選手はどういう気持ちで戦っているんですか？

石平　女子十メートル高飛込で、十四歳の全紅嬋《ぜんこうせん》選手が金メダルを獲得しましたが、優勝インタビューで驚くべき発言をしました。中国の場合、そういったインタビューのときは「我が党の正しい指導があったため、金メダルを取ることができました」と答えるのが普通です。ところが、全選手は違った。「お母さんが病気なので、お金を稼いで治療費にあてたい」と語ったんですよ。

井沢　百万元(約千七百万円)とも言われる報奨金や現物支給があるそうですから、それを目指して頑張ったわけだ。

石平　彼女の発言は、中国国内で大きな反響を呼び起こしました。全選手の実家は果物農家で、村落にある四百世帯の中でも下から一割の中に入るほどの貧困家庭です。祖父は病に倒れ、母親は出稼ぎに出た先で交通事故にあい肋骨を数本骨折しながら治療費用が出せず、その後遺症でずっと苦しんでいる。地方の貧しい農村には医療保険などなく、富裕層以外、まともな治療を受けることはできない。手術ともなれば、手術費を用意するためには家を売り払う覚悟がなければなりません。

それともう一つ、驚かされたのは、全選手が字も読めず、まともな言葉すら知らなかったことでした。インタビュー中に記者が尋ねた「性格」という言葉を理解できなかったのです。彼女は記者が尋ねる言葉を何度も聞き返したのですが、結局わからなかった。最低限の教育も受けられず、ただひたすら母親のためにトレーニングに打ち込んでいたのです。

井沢　十四歳の少女の双肩に、母親の治療費がかかっていた。中国社会のひずみの一端が現れています。

石平　その一方で、世界第二位の経済大国であると謳《うた》っているわけですからね。

井沢　もう一つひどいのは、先述した卓球の混合ダブルスで金メダルを獲得した水谷隼選手のSNSに「死ね」「カス」や、中国語による「露骨なルール違反（中略）それが日本のスポーツマンシップだ」などと、悪質な誹謗中傷《ひぼうちゅうしょう》のメッセージが大量に送られてきた件です。

そのとき、水谷氏は「とある国」として明言しませんでしたが、中国であることは間違いない。体操で金メダル二つを獲得した橋本大輝選手のSNSにも、中国語で「盗んだメダルで大満足」などという書き込みがあった。

石平　中国当局は厳格なネット監視態勢を敷き、中国共産党政権に都合の悪い書き込みがないかを日々チェックしています。

ですから、その気になれば、日本人選手への悪口を取り締まることなど朝飯前ですが、対外的に発する罵詈雑言《ばりぞうごん》については、あえて見過ごしている。二枚舌国家ならではの対応でしたね。

井沢　北京などでも見られるＮＨＫテレビの国際ニュースが、天安門や香港での中共の弾圧を報道すると、国内で見られないように画面をプッツンする国ですから、そういった情報遮断はお手の物のはずなのに、反日批判の発信を容認するとは。外国が相手であれば、どれほど誹謗中傷しても、お咎《とが》めなしというわけですか。

石平　だからこそ、中国人は安心して反日暴言をいくらでも吐くことができます。

井沢　韓国では反日が国是のようになっており、反日的言動は許される風潮が強いですが、中国でもそういう傾向があるのは不思議です。胡錦濤政権時代の二〇一二年、尖閣諸島の日本政府の対応に不満をあらわにして、日本製品の不買運動が発生、大騒ぎになりました。

あれから十年がたち、世界第二位の経済大国となった今、反日感情を抱く必然性はないはずなのに、再び反日的言動が目立ち始めています。意識の変化があったのでしょうか。

自信過剰の習近平政権

石平　対外姿勢の変化によるところが大きいですね。胡錦濤政権までは中国の国益のために国際社会の対中反応を意識する面が強かった。二〇〇八年の北京五輪では、米国をはじめとした西側諸国が中国をどのように見ているか、文明的な国家と見られるように、それに合わせて配慮した態度を示していたのです。ところが、習近平政権になると、自信過剰になってそういった配慮する気持ちが薄れていったのです。

井沢　もう一つ、その北京五輪が成功裏に終わったことも大きかったのではないでしょうか。その当時、三十万人が殺害されたと言われるスーダンでの「ダルフール紛争」で、中国だけ武器供与していた問題が発生、さらにはチベットに対する弾圧問題も開催直前にありました。ほかには、世界環境を無視した大気汚染や、他国にも被害が及んだ中国製食品問題もあった。各国で使用が禁止されているＤＤＴが中国茶から検出されたり冷凍ホウレンソウから有害物質が検出されたりと。

　こういった中国を見て、前述したように、私は開催の前年、「北京五輪をボイコットせよ」と警告を発しました。しかし、国際社会は中国に何ら抗議することなく、大会に参加を表明、開会式では各国の要人が列席した。中国はこう思ったことでしょう——「なんだ、口では何だかんだと言いながらも、我々の経済力欲しさにのこのこと大会に参加したじゃないか」と。そこで下手な自信をつけさせることになったのです。

石平　そのとおりです。習近平はいま大いなる野心を抱いています。胡錦濤時代の夏の五輪以上の成功を、二〇二二年の冬季五輪では収めようと。

井沢　冬の五輪成功を踏み台に、習近平は毛沢東以上の存在になろうとしている。しかし、毛沢東の権威を超えるのは容易ではないでしょう。事実、自転車トラック女子チームスプリントで、金メダルを獲得した中国の鍾天使《しょうてんし》・鮑珊菊《ほうさんきく》の両選手が、毛沢東バッジをつけて表彰台に上がった件が物議を醸《かも》しました。中国では、いまだに毛沢東思想の影響下にあることを証明しているようなものです。

石平　まさにそう。中国習近平政権の悪しき本性を赤裸々に暴露したのが、二〇二一年夏の東京五輪でした。国際社会にとってはいいことだったかもしれません。
井沢　確かに習近平があと数年、仮面をかぶり続けていたらどうなっていたか。中国語や中国文化の普及を目的に二〇〇四年から世界各国に開設した孔子学院にしても、もう十年続いていたら、世界のあらゆる大学が中国思想の影響下にあったでしょう。ところが、習近平が牙《きば》をむき出しにしてくれたため、欧米では孔子学院は軒並み閉鎖に追い込まれた。
石平　ただ、日本ではいまだに多数の孔子学院が、早稲田大学や立命館大学などをはじめとして残っています。一刻も早い閉鎖を望みます。

日本に核攻撃しろ？

井沢　習近平は共産党百年式典（二〇二一年七月一日）で「台湾問題の解決と祖国の完全統一の実現は中国共産党の揺るぎない歴史的任務で、中国全国民の共通の願いだ」「台湾海峡の両側の同胞を含む中国の全ての息子と娘は協力し、団結して前進し、いかなる『台湾独立』のたくらみも断固として粉砕する必要がある」と演説しました。台湾を占領すると世界に宣言したようなものです。ここまで野心を表明するとは、逆に驚きます。

石平　この発言の真意は「今すぐに軍事行動を起こす」という意味ではなく、「独立する動きを見せたら動く」ということ。

井沢　いわば恫喝《どうかつ》でしょう。日本に対しても七月十一日、「日本が台湾問題に介入するなら核攻撃をしろ」という過激な動画がネットに上がり、話題を呼びました。さすがに、その動画は削除されましたが。

石平　民間企業がつくった動画ですが、中国政府の承認がなければ世に出すことはできません。

井沢　ということは、習近平政権の本音でもあるということですね。

石平　背景には、麻生太郎副総理の「台湾で大きな問題が起きれば、存立危機事態に関係すると言ってもおかしくない。日米で台湾を防衛しなければならない」との発言が影響を及ぼしたのではないでしょうか。

井沢　この発言に対する過剰反応だった。

石平　その通りですが、中国のもう一つの本音も透けて見えます。中国は米国に対して核攻撃も辞さないとは絶対に言わない。しかし日本に対しては平気で言うのです。

井沢　確かに台湾に米軍機が飛んでも、文句の一つも言いません。先の式典では、「中国を抑圧するもの」は「偉大な鉄の壁に（中略）頭を打ちつけることになるだろう」と述べてもいますが、名指しは避けている。

石平　中国は米国の戦力を見極めています。現時点では、核戦争を仕掛けたら、負けるのはこちらだと分かっている。一方、日本は核武装をしていない。もっと言えば、自前の軍隊らしい軍隊を持っていません。そういった現状を十分理解したうえでの恫喝なのです。

井沢　日米安保条約があり、尖閣諸島もその適用範囲であることを、トランプ前政権も、バイデン政権も明言しています。日本に対する核攻撃は、イコール米国に対する核攻撃であると見なされるのではありませんか。

石平　米国が日本のために、中国に対して核の報復をするのかどうか。そうなれば、中国もニューヨークやロサンゼルスなど、米国の大都市に核を撃ち込んでくる。それほどの犠牲を払ってまで米国は日本のために動くのか。そこまではしないだろうと、中国は読んでいます。

井沢　丸ハダカの日本なら、いくらでもイジメることができると見ている？

石平　そう。ですから日本は核武装しないままでいいのか。いつまでも中国の恫喝に脅え続けるのか。日本は大きな岐路に立たされています。

井沢　日本の自主防衛の強化は急務ですね。

日本がとにかく悪い

石平　もう一つ、中国が思っているのは、「南京大虐殺」があったではないかということですよ。中国政府はずっと、日本軍が南京で無辜《むこ》の市民を三十万人虐殺したと喧伝している。もちろん、こんな南京大虐殺論はただの捏造《ねつぞう》ですが、中国ではゆるぎない「歴史の事実」として認識されています。こういう歴史的経緯があるのだから、核攻撃で何十万人の日本人が死んでも、文句を言える立場ではないというわけです。

井沢　歴史的にみて、中国人を一番殺したのは毛沢東ですよ。その事実を誤魔化すため、「日本が悪い」と反日思想を植え付けている。さらに戦後、日本は戦争に関する賠償や補償もしてこなかったと文句をつけている。でも、それも大嘘で、ODA（政府開発援助）などを拠出し、中国国内のインフラ整備に日本は大いに貢献しています。こういった事実を中国政府は民衆に伝えていません。

石平　むしろ、民衆には反日映画などを見せ、いかに日本軍が残虐だったかを洗脳しようとしています。その影響もあって、中国人の多くは反日なのです。

井沢　二十年前以上の話になりますが、ピューリッツァー賞を受賞した『ニューヨーク・タイムズ』のニコラス・クリストフ記者が、朝日新聞から中国論を書いてくれと依頼されて、英語版に執筆したことがあります。彼は「私が中国で一番驚いたのは、一般民衆の日本人に対する憎悪だった。放っておいたらひどいことになる」と。

日本国内でも、中国の言い分を増長させる手助けをする分子がいるから厄介《やっかい》です。朝日新聞がまさにそう。

石平　朝日の本多勝一記者は『中国の旅』などで、日本軍が南京大虐殺をはじめ、中国人にいかに残虐行為をしてきたかを書いている。向こうの「生き証人」の発言をなんのウラ取りもせずにそのまま掲載しただけ。二〇〇六年には、南京市の南京大虐殺記念館から南京大虐殺の普及に貢献したことで特別功労賞まで贈られていますから信じられません。中国は本多氏の著作を盾に自分たちの言い分を通してきます。

井沢　従軍慰安婦問題の植村隆記者と同罪ですよ。

ともあれ、朝日新聞と本多氏のせいで、日本の国益をどれほど損ねたか計りしれません。日本の安全保障にまで影響を及ぼしている。しかも、事実であればともかく、まったくの捏造ですから。考えてみてください。南京大虐殺にしても軍事的占領後は、経済的利益を得ようと考えるのが当然です。住民を虐殺したらどうなりますか。働き手や稼ぎ頭がいなくなり、結局、街づくりを進める人員を確保するため、さらに多大なコストが必要になる。虐殺をするメリットなんて一つもありません。

南京大虐殺をナチスのユダヤ人に対するホロコーストと同様であると言う人たちもいますが、それもデタラメ。ヒトラーの場合は民族優越思想に基づき、ユダヤ人を抹殺しようとした。経済的利益を度外視した思想的行為です。

石平　確かに仰る通りですが、中国にとって南京大虐殺が歴史的事実かどうかは重要ではありません。日本を不利な立場に追い込めるのなら、何でも利用する。そこが恐ろしい。

朱子学から民主主義は生まれない

井沢　習近平政権はどこに行こうとしているのか。彼がいる限り、民主化は到底果たせないでしょう。

石平　井沢さんの『汚れた「平和の祭典」』（ビジネス社）でも指摘されていましたが、中国でなぜ民主化ができないのか、その本質を分析されていますね。

井沢　その本でも指摘したのですが、戦前、アメリカの外交官だったラルフ・タウンゼントという人が『暗黒大陸中国の真実』（芙蓉書房）という本で中国人というものを次のように定義しています。

①中国人は、平和や親善についての諺を多く持っているが、世界一喧嘩が好きな民族である。
②今も昔も、中国の暴君より獰猛で残忍な暴君は他国にいない。
③中国人には、人類に共通する道徳観や恩義の観念がない。
④中国人にとって、謀略、裏切りは日常茶飯事である。
⑤中国人は、残酷なことを考え出す天才である。
⑥中国の役人は、儲け話となると容赦しない。
⑦中国人は、ずる賢く言い逃れをし、頑固で嘘をつく性格が治らない。
⑧中国人は、本気でウソをつくというより、ウソをつくことが好きな民族である。
⑨中国人は、カネがすべての現実主義者。
⑩中国人は、「たかり」の名人だが感謝の気持ちは一切ない

このタウンゼントという人は戦後は日本から金をもらって中国の悪口を言った悪人ということで社会的に葬られたんですが、ヘーゲルと同じで中国人の本質を指摘した人間の言説は第二次世界大戦後様々なレッテルを貼られ消去されている。この辺も中

国の陰謀かもしれない（笑）。

石平　いやぁ…よくも中国人の悪い根性の一つ一つを突いていますね（笑）。

井沢　前章でも指摘しましたが、キリスト教やイスラム教のように「神」という絶対的な存在を信じている民族や国の中では平等思想が定着します。しかし、朱子学はそういう世界を信じない。証明不可能な「神」や「来世」を信じるのは愚かであるとしていた。さらには「人間には必ず能力の差がある」という徹底した格差主義を推進する。実に合理的な考え方であり、優秀な人物が愚かな大衆を指導すればいいというわけですが、そういう思想基盤からは民主主義は生まれない。逆に上述したような人間、人格形成がなされていくわけです。

日本でも仏教を否定する朱子学の影響を受け、明治の初め、廃仏毀釈《はいぶつきしやく》運動（仏教寺院・仏像・経巻を破棄し、仏教を廃すること）が高まりました。僧侶たちは懸命に抵抗しますが、明治政府の官僚は「地獄があるなら見せてみろ」と言い、仏像、経巻、仏具の焼却や除去を行う口実にしたのです。

石平　歴史の悲劇ですね。文革時代の中国でも、宗教施設は徹底的に破壊されました。

中には、そのときの破壊を、日本軍によるものだと誤魔化したりもしている。

東京五輪の開催直後の二〇二一年七月二十六日、ウェンディ・シャーマン米国務副長官が訪中、天津で王毅《おうき》外務大臣、謝鋒《しゃほう》外務次官と会談しました。その会談中、王毅は次の三つを要求した。

①「米国は中国の特色ある社会主義路線・制度に対して挑戦や中傷をしてはならず、さらにはその転覆を企ててはならない」

②「米国は中国の発展プロセスの妨害さらには断ち切りを企ててはならない」

③「米国は中国の国家主権を侵害してはならず、ましてや中国の領土的一体性を損なってはならない」

井沢　主権を侵害するなというのがトップではないんだ。

石平　そうです！　体制の安定こそが、彼らにとって第一の利益なのです。さらに謝鋒は米国に「やめてほしい」リストを提出しています。リストのトップが「共産党員と、その家族たちの米国入国ビザを制限しないこと」でした。その次が「孔子学院を廃止するな」。

井沢　いつでも米国に逃亡できるようにしておけと。それが一番大事なんですね。
石平　党の幹部たちの本音としては、習近平がどれほど愚かな政治をしても構わないと考えている。ただ一つ、米国の亡命が禁じられたら、大いに恨むでしょう。不正なことをして得た財産のすべてを米国に置いているからです。
井沢　現体制を改める意志はないわけだ。放っておけば、いずれ潰れるし、そうなったら米国に逃げればいいと考えている。
石平　自分たちの身の安全をどうやって守るか、そこに意識を向けている。ということは、習近平からすれば、国内ではやりたい放題です。

人類の「災い」

井沢　二〇〇七年、『中国　地球人類の難題』（小学館）というタイトルの本を出しました。ここで指摘した予言（北京五輪がナチスを台頭させたベルリン五輪の再来になる）の数々は不幸にして的中しつつあります。中国はまさに地球的な難題ですが、人類は克服できるのか。

石平　「難題」どころか、今や「災い」ですよ。

井沢　「災い」といえば、まさに武漢発の新型コロナウイルスがそうでしょう。武漢ウイルス研究所から流出したのではないか、とバイデン政権は再調査を命じましたが、結局は確定にまでは至らずじまいの報告書が出てしまった。しかし、状況証拠は自然発生ではなく武漢研究所からの漏洩の疑惑が濃厚です。ウイルスの生物兵器説は具体性を帯びています。

他国を攻撃するのに、核はリスクが大きすぎます。港湾設備やインフラが破壊され、施設も人間も放射能に汚染されるので、簡単に占領できない。それよりも黄色人種や白色人種だけが死ぬウイルスを開発し、長い時間をかけ、日本や欧米諸国に蔓延させればいい。

しかも日本はワクチン開発後進国です。コロナにしても、G7やロシア、中国と比べてもワクチン開発は全然進んでいない。中国からすれば絶好のターゲットです。日本は生物兵器に対して、もっと対抗策を講じるべきです。

石平　そういう意味でも、日本は習近平政権と一定期間、断交すべき。共産党員である限り、親族を含めて、一切、入国を認めないとやればいい。そんな危険な人物とともに何が入ってくるかわかりませんから。

井沢　そこまでしないと、中国の難題は解決できないかもしれません。個人と個人の日中友好はあり得ても、日本と中国共産党相手の日中友好は永遠にあり得ない。

石平　幻想を捨てる必要があります。

井沢　ともかく習近平を一日でも早く失脚させなければならない。独裁者が地歩を固めることを防ぐには、メンツをつぶすことが一番です。一九八〇年のモスクワ五輪のとき、西側諸国はソ連のアフガニスタン侵攻に抗議し、ボイコットしました。その十一年後にソ連は崩壊した。歴史は繰り返します。

二〇二二年二月、北京冬季五輪を世界主要国はボイコットするべきでした。五輪が失敗すれば、中国の民衆は習近平に失望を覚えるに違いない。そこから習近平独裁体制に風穴が開くことを期待したい。ヒトラーよりマシな人間が出てくればナチスドイツも少しは変わったかもしれない。ユダヤ人大虐殺も第二次大戦も起こらなかったかもしれない。

同じことは中国にもいえます。習近平より少しはマシな、鄧小平《とうしょうへい》のような「独裁者」が登場する可能性もある。

石平　中国とかかわるとろくなことにならない。それを肝に銘じて、対中政策を進めるべきです。

皇帝以外の人間には尊厳なし

井沢　今の中国は朱子学ではなく共産主義を信奉していますが、前章でも指摘した通り、この二つの思想は実に似ている。無神論であり、資本主義を敵視している。

そういう中国からすると、チベットの民衆たちは、ブッダの生まれ変わりとするダライ・ラマというペテン師を信じている、だから、その迷妄から解き放つべきだと考える。欧州のカトリック信仰に対しても、ローマ法王なんていう何の根拠もない存在に騙されているだけだとみなしているから、国内のカトリックも弾圧して平気の平左です。

香港と台湾について中国がこだわる理由も、そこにあります。香港は英国、台湾は日本というかつての宗主国のもたらした価値観・迷信を信じ、民主主義を信奉する愚かな存在になってしまった。そういう汚れた歴史から脱し、一つの優れた党（中国共産党）の指導に従えばいいというわけです。

石平 ですから、中国では一人の人間に権力が集中しやすいので、独裁者が生まれやすい。それと同時に中国の民衆は独裁者を求める気持ちが強いのです。「神」という存在を信じず、この世を治めるのは一人の絶対的な権力者であると考える。それがかつては皇帝でしたが、今は中国共産党中央委員会主席という党の指導者がそれに替わっているだけ。その指導者の下、党と民衆が従えば国は治まるという格好です。この体制は何千年と変わりません。

井沢 ヘーゲルの言う「歴史なき歴史」です。中国の歴史を見ると、弁証法的な進歩史観が当てはまらない。多少リニューアルして、科挙体制から共産党体制に変わったものの、本質はまるで変化していない。看板を代えただけに過ぎません。

石平　むしろ後退していますす（笑）。漢の時代、大臣は皇帝と膝を突き合わせて話すことができました。唐の時代になると、大臣は皇帝の前で座ることすら許されず、常に立って話すことになった。ところが、明になると立つことすらダメで、跪《ひざまず》かなければなりません。しかも、皇帝の前で一言でも反論めいたことを口にしたら、その場で尻を丸出しにされ、棒叩きの刑にあう。

井沢　大臣の扱いが時代を経るごとに悲惨になっていく。

石平　要するに、皇帝以外は、人としての尊厳が一切認められていないのです。

井沢　フランス革命は神のもとで平等を得ようと、庶民は国王の首まで切った。でも、中国ではそんなことは起こり得ない。

石平　魯迅は「灯下漫筆」の中で「中国人はもともと人の値打ちを勝ち得たことなどなく、うまく行っても奴隷でしかなかったのであり、それは今でもそうだ」と書いていますが、まさにそういう状態です。一人ひとりに奴隷根性が染みついてしまい、それから抜け出すことができない。むしろ、人民は「いい奴隷」「模範囚」になるための努力に励みます。

井沢　ずっと奴隷でいたら卑屈になりませんか。
石平　ええ、人間ですから威張りたい気持ちがどうしても芽生えてくる。それが毛沢東時代の文化大革命の本質です。一部の人間を「階級の敵」と見なし、徹底的に弾圧しました。
井沢　奴隷の下に、さらに奴隷をつくってしまう。
石平　そうやって心理的満足を得るわけです。しかも、今や、その敵は日本人、さらには米国人や欧州人であったりします。
井沢　かつて、ヨーロッパでも不景気な状況が続いて、庶民が国王に対して不満を抱いたとき、ユダヤ人が買い占めているから物価高になっていると噂を流し、ユダヤ人をイジメる事件がたびたび発生しました。ユダヤ人を政権不満のはけ口にしたのです。政治の常道の一つですが、そんなことができるのは古代・封建時代まで。現代において、そんなやり方は到底許容されない。中国はいまだに古代に生きているのではありませんか。
石平　しかも、その奴隷状態を朱子学が理論的に制度化しています。そして、井沢さんが述べられたように、朱子学に似た共産主義が、今はとって代わっている。この軛《くびき》から逃れることは難しいでしょう。

体制の安定こそ第一

井沢　社会に対する不平不満があっても、政府を変えようとする意志は持たないのですか。

石平　そうはなりません。自分たちの家族が力を合わせて、生き延びるための智慧を絞る。

井沢　米国への亡命もその一つですね。

石平　もう一つ、中国共産党体制に入り込み、特権階級になる。

井沢　ノーベル平和賞を授与された民主化運動の指導者・劉暁波《りゅうぎょうは》氏のような存在もいましたけど。

石平　民衆は劉暁波氏のことなど、まったく関心がありません。無意味に政府に反抗する奇人変人に見られているだけです。

井沢　歴史を振り返ると、宗教結社が大きな役割を果たすことが多々ありました。太平天国（清末、秘密結社上帝会の指導者、洪秀全《こうしゆうぜん》が華南を中心に建てた反清「革命」国家）がその典型です。キリスト教の影響で人々はみな平等であるという概念が生まれ、洪秀全を中心とした大きな組織となった。

石平　太平天国の乱（一八五一年）が勃発《ぼっぱつ》、洪秀全の軍は破竹の勢いで勝利し、南京を奪いました。「天京《てんきょう》」と改名し根城にしますが、洪秀全は大きな宮殿をつくり、多くの美女をはべらせるなど、結局、皇帝と何ら変わらない生活をする（苦笑）。

井沢　やはり弁証法が中国では通用しませんね。政権内部でのクーデターは期待できないでしょうか。毛沢東は一度、実権を奪われたことがあります。同じように習近平のやり方に不満を抱く一派によって、習近平降ろしがあり得るのではありませんか。

石平　毛沢東のときは、劉少奇《りゆうしようき》や鄧小平など有力な人物が多く、共産党を守ろうとする意識も強かった。だから、毛沢東から実権を奪うことができました。ところが、習近平のまわりには、それほど強力なライバルが存在していません。しかも幹部の多くは、共産党体制を守ることに、それほどの強い意志を示していない。

井沢　それこそ奴隷根性ですね。

石平　こう言ったらしかられるかもしれませんが、日本で言うところの「社畜根性」。鞭で叩かれながら命じられた仕事をするような人たちばかりですよ（苦笑）。

第五章

北京五輪後の北東アジアはどうなる?

中共のプロパガンダに与《くみ》したIOC

井沢　二〇二二年の北京五輪（冬季）は、さまざまな国際世論の反対の中、開催されることになりました。とはいえ、昨年（二〇二一年）の十一月になって発生した中国女子テニスの彭帥《ほうすい》選手の告発によって、国際世論が中国に非難の目を、従来よりいっそう厳しく向けるようになり、習近平・中国共産党もかなり追い詰められる形になったのは不幸中の幸いでした。

石平　彭氏が張高麗《ちょうこうらい》前副首相から性的関係を迫られたと、中国のSNS「微博（ウェイボー）」に投稿したのは画期的でした（二〇二一年十一月二日）。中国当局によって三十分後に削除されましたが、インターネットの世界は三十分もあれば世界中に拡散されます。共産党政権のネット検閲体制下では一分間でも存在したこと自体が不思議なことです（笑）。

井沢　その後、彭氏は消息不明になり、これまた世界で大騒ぎになりました。ところが、ＩＯＣのバッハ会長は二度にわたり、彭氏と電話会談してみせました。一回目の時には、通話には中国オリンピック委員会副会長を務めるＩＯＣ委員やＩＯＣ選手委員長も同席したとのこと。

石平　バッハ氏は一日も早く彭帥騒動を終息させたいと思っていました。というのも、長引けば長引くほど、二〇二二年北京冬季五輪の開催が危ぶまれたからです。

井沢　それは習近平も同じだったでしょう。バッハ氏と習近平が裏で手を握っているのがミエミエでした。バッハ氏は、電話会談後のＩＯＣ理事会後の記者会見で、中国政府のプロパガンダに加担しているのではないかとの批判に「明らかに違う」と反論し、「疑うのは簡単だが、われわれは彭帥さんとの関係（構築）に集中している。引き続き連絡を取り、支援する」と語っていました。しかし、彭氏は公の場に姿を現していませんから、バッハ氏の発言も信憑性《しんぴょうせい》に欠けました。米国下院がＩＯＣに対して非難決議を可決したのも肯《うなず》けます。

石平　中国国営放送「中国環球電視網英語チャンネル（ＣＧＴＮ）」は、オンライン版で二〇二一年十一月十八日、彭氏の執筆だとするメールを掲載しました。彭氏が自ら

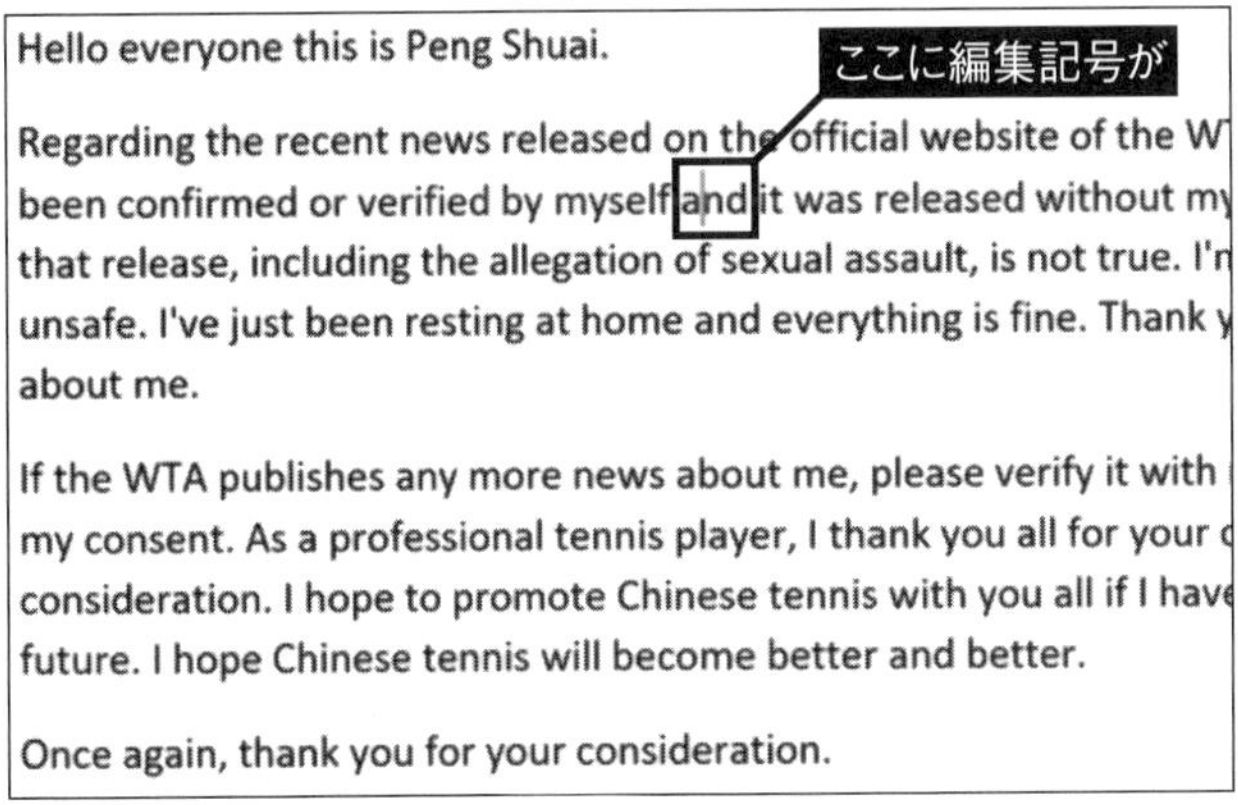
Hello everyone this is Peng Shuai.

Regarding the recent news released on the official website of the W
been confirmed or verified by myself and it was released without my
that release, including the allegation of sexual assault, is not true. I'm
unsafe. I've just been resting at home and everything is fine. Thank y
about me.

If the WTA publishes any more news about me, please verify it with
my consent. As a professional tennis player, I thank you all for your c
consideration. I hope to promote Chinese tennis with you all if I have
future. I hope Chinese tennis will become better and better.

Once again, thank you for your consideration.

「CGTN」のツイッター（2021年11月18日）に掲載された彭氏の執筆だとするメール。ところが、「and」の単語にカーソルが乗ったままになっている

語る体裁で、行方不明でも危険な状況でもない、「自宅で休養しているだけで、すべて良好だ」とし、自身に関する性的関係を迫られたとの訴えについては、虚偽だとしていました。

井沢　ネットでは、このメールそのものが捏造《ねつぞう》ではないかと指摘されています。なぜなら、CGTNのツイッターで、本人メールのスクリーンショットが投稿されていますが、「and」の単語にカーソルが乗ったままなのです（画像参照）。つまりスクリーンショットの時点でメールは発送されておらず、編集中ではないかと。

石平　CGTNは中国のプロパガンダ機関にすぎません。同じくCGTNの国際ニュースエディターでコラムニストの沈詩偉《ちんしい》氏は、自身の

ツイッターで、ぬいぐるみに囲まれ笑顔を浮かべる彭氏の写真三枚を投稿しました。沈氏は「彭のSNSに投稿されたもので、フォロワーに『良い週末を』と呼び掛けている」と主張しており、彭氏がテニスの大会に姿を現した際も、同氏は映像を投稿していました。

井沢　いつ撮影したのか、そして本人なのか、客観的な事実は何もありませんでした。

石平　バッハ氏との電話会談にしても映像が公表されていないので本人かどうかは知る術《すべ》がなかった。

井沢　そんな彭氏への対応に業《ごう》を煮やしたWTA（女子プロテニス協会）は「疑惑が払拭《ふっしょく》できない」とし、二〇二二年以降、中国および香港におけるトーナメント実施を全面的に中止することを明らかにしました。WTAのスティーブ・サイモンCEOは「権力者が女性の声を抑え込み、性的暴行の訴えをうやむやにできるなら、WTA創設の理念である女性の平等という基本理念が大きく後退してしまう」と主張し、チャイナマネーに屈しない姿勢を見せています。WTAの決断は日本も即刻見習うべきでした。

そういえば、森元首相は、「女性蔑視発言」を理由に、東京オリンピック（五輪）・

パラリンピック大会組織委員会の会長職を辞任させられましたが、バッハ会長なんか、中国共産党とつるんで茶番劇をやった責任で辞任して当然ではなかったでしょうか。森元首相を執拗に批判したリベラルの人権団体や女性団体が、今回、中共やバッハ会長に対して沈黙しがちなのは変ですね。

権力闘争のなれの果て

石平　彭氏の告発が発表された翌日の十一月三日、中国外務省の汪文斌《おうぶんひん》報道官は北京で開いた定例記者会見で、外国人記者から「彭氏の告発」について質問を受け、「聞いたことがなく、外交に関する質問ではない」と回答しています。

おかしな話ではありませんか。党の名誉を守るためだったら、何をおいてもこの告発を否定するでしょう。しかし、汪報道官の発言に反論のトーンはありません。党が「積極的に打ち消す必要はない」と判断したことが透けて見えます。

井沢　そもそも張氏は、どういう立場だったのですか。

石平　「チャイナセブン」と呼ばれる党政治局常務委員だった元最高幹部で、失脚したことは一度もない。そんな立場にある人間が性的スキャンダルを告発されたら、「そんな話はウソだ」と否定するのが、中国共産党のいつものやり口です。

井沢　ところが、今回は否定しなかった。

石平　ということは、彭氏の告発内容は事実であるということです。しかも、今回の告発は、共産党の最高指導機関が開催する重要会議「第十九期中央委員会第六回全体会議（六中全会）」（二〇二一年十一月八日に開催）の直前だったことにも注意を払うべきです。

井沢　「六中全会」では、四十年ぶりに「歴史決議」が採択されました。

石平　習近平の地位を確固たるものにして、〝終身統治〟へとつなげるためのものです。「六中全会」はそれほど重要な政治イベントだった。そのため、反対派を黙らせる必要があったのです。

井沢　反対派とは江沢民派でしょう。

石平　そうです。江沢民派はいまだに隠然たる力を持っています。習近平は、江沢民派を威嚇・恫喝《どうかつ》する意図があって、彭氏の告発を許した。張氏自身が江沢民元国家主席の系列にあり、習一派と対立関係にある〝上海閥〟の一人です。だからこそ、歴史決議の前に、習近平は対立派閥の醜聞を出し、「邪魔するな」と警告を発したのでしょう。

井沢　張氏の失脚を狙っていたとしたら、ネタとしては弱くありませんか。

石平　ええ、汚職問題であれば失脚しますけど、愛人の暴露程度では、それほどのダメージではない。中国共産党の高級幹部であれば、愛人の一人や二人は〝屁〟でもない。ということは、習近平は江沢民派と徹底抗争するつもりはなかったのでしょう。

井沢　でも、傷つかないわけではない。

石平　習近平は張氏だけでなく、江沢民派に向けて警告を発しているのです。なぜなら、愛人の大家こそ、江沢民自身ですから。

井沢　軍所属歌手の宋祖英《そうそえい》氏を愛人にしていたという噂があります。

石平　習近平一派は秘密警察を使い、中国共産党の上層部に関するスキャンダルを全て把握しています。今回、彭氏を使って告発させたのも、「我々はお前たちの〝脛《すね》の傷〟

を知っているぞ」という江沢民派に対する恫喝と見ています。ただし、こうした秘密工作は習近平が直接指示するものではありません。秘密工作は通常、取り巻きが〝忖《そん》度《たく》〟して行うものです。

井沢　中国共産党内部での権力闘争のなれの果てが、彭氏告発の真相というわけですね。

石平　結果的には「六中全会」が予定通りに開催され、歴史決議も無事、採択されたのです。

朱子学の教えでは、予想もできなかった〝ブーメラン〟

井沢　ところが国際社会が彭氏の消息不明を看過しなかった。習近平にとって誤算だったのではないですか？

石平　立憲民主党の蓮舫さんなんかも予想もしない〝ブーメラン〟でした。中国共産党の幹部らは、プロテニス選手がこれほどの知名度があり、国際社会に影響力があるなんて夢にも思わなかったでしょう。

欧米社会が人権や性的虐待に敏感であることにも鈍感すぎました。彼らにとってプロテニス選手は、利用すべき〝党利党略のための駒〟にすぎず、告発も単なる〝下半身の醜聞〟という位置づけだったのです。だからこそ党内部における権力闘争の一環として利用したのではないでしょうか。しかし、彼らは無知だったために、想定外のしっぺ返しを食らいました。

井沢　ウイグルもそうでしたが、中共の人権弾圧に関しては、国際世論の批判は、一向に終息する気配がなかった。

石平　国連が問題視したこともあり、やっと習近平は事態を把握したはずです。恐らく彼は激高しているでしょう。「なぜ、こんな余計なことをしたんだ」と取り巻きを叱りつけたに違いありません。

井沢　ここまで、国際社会から批判されると、もはや、習近平に打つ手はなかったでしょうね。

石平　彭氏を表舞台に完全復帰させる必要がありますが、世界中のメディアから質問を浴びせられます。まさか「中国共産党から助言されて性的被害を告発しました」と答えるわけにもいきません。

井沢　二進《にっち》も三進《さっち》も行かない状況になってしまった。共産世界なら、秘密裏に消されてしまうことだって考えられました。

石平　北京冬季五輪開催を目前にして、さすがにそんなことはできなかった。あくまでも習近平一派の後ろ盾を得て告発したわけですから、彭氏は当局から守られている可能性が高い。日常生活には何の支障もないはずです。習近平が一番恐れているのは彭氏が海外に脱出したり亡命すること。それをされたら、今回の陰謀が明るみに出てしまうのは間違いありません。そうなっては、中国政府のメンツは丸つぶれになってしまう。

井沢　我々の常識は中国共産党の常識ではないことを肝に銘じるべきです。中国は伝統的に女性蔑視《べっし》の傾向が強い。男性よりも女性のほうの自殺率が高いというのも、それを裏付けています。

そもそも、これまで述べてきたように、中国のみならず日本や韓国に影響を与えている朱子学（自分よりも身分が上の人や父親の言うことは絶対とする思想）そのものが男尊女卑ですから。

石平　朱子学では女性とは取るに足らない存在と考えています。その一方で、「聖人君子」を理想としており、女性関係については清廉潔白を求める。妾《めかけ》を持つことは許しても、不倫行為は禁じています。中国共産党幹部も同じく表向きは「聖人君子」であることが求められる。ということは、下半身の醜聞は、中国共産党の看板に泥を塗ったも同然の行為なのです。

民主と専制は矛盾しない？

井沢　これほどまで人権意識・国際感覚のない国家が、スポーツによる世界的平和の祭典である五輪の開催国であっていいのかが問われましたね。こんな人権弾圧国家が開催するのであれば、本来なら最低でも参加国はすべて外交ボイコットをすべきでした。外交ボイコットもされずに、もし五輪が成功裏に終わってしまっていたら、中国は国内に向けて「国際社会は我々を支持した」とアピールし、息を吹き返すことになっていたでしょう。

石平 幸い米国・豪州・英国・カナダ・ニュージーランドの五カ国など先進諸国の少なからぬ国々が外交ボイコットを行いました。中国政府に対して「人権抑圧は許さないぞ」との意思を明確に表明したことに意義があります。日本は結局、モタモタしていましたが、なんとか、政府関係者の北京派遣を見送るということを年末に表明。ただし、おそらく中国政府に配慮して姑息にも「外交ボイコット」という表現を避けてはいましたが……。

井沢 東アジアにおいて米国の最大同盟国である日本が外交ボイコットに歩調を合わせなかったら、それこそ、世界が日本に対して厳しい目を向けるし、中国共産党は「米国のウソ」に日本は乗らなかったと国内の説得材料に使うことになったでしょう。最悪の事態は免れましたが……。

石平 岸田首相はもっとはやく決断を下すべきでした。米英豪の安全保障枠組み「AUKUS（オーカス）」や、日米豪印の「クアッド」、米英豪にカナダ、ニュージーランドを加えた五カ国で機密情報を共有する「ファイブ・アイズ」など、米国を中心に対中包囲網が形成されていますが、中国はそれらの包囲網の突破口を探していましたからね。

井沢　その目的は敵を分断させることにある。弱い日本は一番狙われていた。

石平　そう、中国は親中派議員や中国との取引をしている大企業を使って、日本を対中融和策へシフトさせようとしていました。

井沢　経済や人権問題で、日本が米国主導の中国包囲網の「穴」になってしまったら、元も子もない。

石平　外交ボイコットをしたところで、北京五輪の開催にはそれほどのダメージがないのですが、習近平からすれば、ボイコットされたこと自体は、「人権抑圧国家」という中国の悪いイメージの定着につながるので、かなりの打撃にはなったのです。

井沢　国際社会の中国に対する認識は多少なりとも変化しましたね。

石平　メンツを重んじる中国としては避けたいところでした。実際、中国外《はず》しがどんどん進んでいます。バイデン大統領主導のもと、欧米、そして日本の首脳陣が集まって「民主主義サミット」が二〇二一年十二月に開催されましたけど、「専制主義国家」と位置づける中国やロシアは招待されませんでした。その事実が判明したとき、中国の反応がおかしかった。「中国には独自の民主がある」と居直った。

井沢 どの口が言うのか(笑)。

石平 それに続き、中国外交部は、米国の民主主義の問題を指摘する文書を公表しました。

「米国の民主主義は『金権政治』に成り下がり、少数のエリートによって統治され、人種差別の問題も根深く、貧富の格差が広がっている」と、米国の民主主義を批判したのです。また二〇二一年十二月四日に発表された、中国独自の「民主主義白書」では「民主と専制は矛盾しない。ごく少数のものを叩くのは大多数を守るためで、専制の実行は民主を実現するため」と書かれている。

井沢 ソ連もよくやっていたけど、共産国家特有の詭弁《きべん》もいいところです。

石平 一連の発言を見てわかることは、中国は「専制体制は悪、民主主義体制は善」であることを自覚している。にもかかわらず、そういう矛盾した抗弁を平気でする。

まさに精神分裂状態です。

井沢　自信がないんでしょうか。

石平　そうです。汚く悪いことをしているという後ろめたい気持ちを持ちつつ、「大義名分」を欲しているから、そういう言動をするのです。そんなのはまさに朱子学ですよ。

井沢　中国数千年の朱子学の呪縛《じゅばく》から脱することはできない。

娯楽も許さない

石平　毛沢東も「マルクス主義」を大義名分にしましたけど、彼自身はマルクス主義がどんな思想か、その本質はまったく理解していなかったと思う(笑)。

井沢　中国の共産主義は〝毛沢東主義《マオイズム》〟と言われるように、いわゆるマルクス・レーニン主義とは性格が異なります。カンボジアは毛沢東主義を導入しましたが、結果はどうなったのか。指導者、ポル・ポトは国民の四分の一を虐殺しました。知識人や文化人などいらない、権力者と農民だけで国家は成り立つと考えたからです。

石平　四人組の一人、張春橋《ちょうしゅんきょう》はカンボジアを秘密裏に視察したとき、「我々中国共産党ができなかったことを、あなたたちは実現している」と興奮状態だったと伝えられています。

井沢　毛沢東主義の行き着く先がよくわかります。共産主義よりも恐ろしい世界が待っている。

石平　習近平も、ウイグルやチベットやモンゴルなど周辺地域の人々の人権を弾圧しながら、「民主主義」という大義名分を借りてはいます。

井沢　朱子学は排他的で独善的なのが特徴ですけど、習近平の言動を見ると朱子学そのものです。

石平　幼い頃、共産党の高級幹部だった父親の習仲勲が文化大革命で失脚、習近平は下放されました。まさに天国から地獄を味わった。この原体験こそが、彼を貪欲な権力志向に向かわせたのです。

井沢　権力さえあれば、なんでもできると。

石平　それとともに農村生活をする中で、その体験が習近平の世界観の形成に大きな影響を及ぼしたのではないか。

井沢　田園に囲まれた生活こそ理想的であると。

石平　そうでなければ、習近平が商業主義や金儲け、娯楽をとことん憎む理由がわかりません。国家インターネット情報弁公室は「近年、ネット上で娯楽化傾向や低俗な騒ぎ立て」が盛んになり、「良くない文化が主流の価値観に衝撃を与えている」と批判した上で、「歪《いびっ》な美意識」や拝金主義のほか、贅沢や享楽を助長したり、スターのスキャンダルを詳細に伝えたりすることを禁じました。

さらに、中国当局は、その流れの上で、インターネット上の芸能人に関する情報発信の管理を強化する通知を公表したのです。「歪な美意識」や「拝金主義」といった「良くない価値観」を助長することを禁じるというもの。国民の価値観への介入を増すとともに、違反した芸能人への措置を厳格化させています。

井沢　質素な生活を礼賛した、まさに毛沢東時代の文化大革命そのものではありませんか。小中学生向けの学習塾を全面的に禁止し、新規開業を認可せず、非営利団体として登記させることも進めています。

日本では考えられない措置です。いや、日教組なら賛成するかもしれませんが（笑）。

石平 正式な学校に通えなかった習近平の恨みが形となって表れてきていますね。「小学校にもまともに通えなかったのに、学習塾なんてもってのほかだ」と言いたいのでしょう（笑）。

井沢 すべての人民は、習近平の少年時代と同じ生活を体験せよ、というわけですか（笑）。アリババのジャック・マーが突然、彭帥選手のように表舞台から姿を消したのも首肯できます。

石平 知識人や企業人は、みな習近平を見限っていますが、一般庶民は習近平の政策を受け入れています。金持ちをイジメるのは、庶民からすると痛快ですから。毛沢東のときもそうです。エリートこそ悪だと仕立てあげ、人々の不満のはけ口にしたのです。

井沢 ポル・ポト率いるカンボジアは、まさにそれと同じことをして、毛沢東よりも完成形に近い形で実現してしまった。

石平　ただ、中国の場合、四千年の歴史があります。いかに毛沢東といえども、この歴史の壁に阻《はば》まれて、毛沢東が「理想」とした社会は実現できませんでした。飛び火したのがカンボジアだったのです。いい迷惑でしょうけど（笑）。

意味のない歴史決議

井沢　先述したように、「六中全会」において習近平は中国共産党の歴史の中で三回目の「歴史決議」を採択しました。一回目が一九四五年の毛沢東、二回目が一九八一年の鄧小平の時です。習近平の「歴史決議」は、どれほどの意義があったのでしょうか。

石平　「歴史決議」とは、それまでの党の歴史を点検し総括した上で次の時代の始まりを開くためのものです。毛沢東のときは、かつての中国共産党指導部の過ちを批判した上で、「毛沢東の政治路線が完全に正確だ」と結論づけました。それ以降、毛沢東時代が始まったのです。結局、一九七六年、毛沢東が死ぬまで、実質、中国共産党のトップであり続けました。

井沢　過去を否定したからこそ、自らトップにいることの正統性を主張することができた。歴代王朝の皇帝たちがやってきたのと同じですね。

石平　鄧小平の歴史決議も同じです。

井沢　毛沢東が発動して中国を大混乱に陥れた文化大革命を批判しています。「大きな災難」とまで言っている。さらに過去の計画経済に関しても「科学的な経営管理などを無視し、大量の損失をもたらした」と批判し、市場主義経済に乗り出す意義を明記しました。

石平　鄧小平が巧みだったのは、指導者（毛沢東）が誤って発動し、反動集団（林彪《りんぴょう》や江青《こうせい》ら四人組）に利用されたとして、毛沢東に責任のすべてを押しつけていません。

井沢　そのあたりはうまい。毛沢東を全面否定したら、中国共産党の支配体制そのものが揺らぎかねませんから。

石平　ともかくこの歴史決議によって、鄧小平時代が始まりました。

井沢　改革開放路線へのシフトです。

石平　「不破不立（古いものを打ち破らなければ、新しいものは打ち立てられない）」という諺《ことわざ》が中国にありますが、毛沢東・鄧小平の歴史決議は、まさにそういった性格を帯びていたのです。

井沢　習近平もその路線に乗ったというわけですか？

石平　鄧小平時代の否定を狙っていたのです。改革開放路線によって貧富の差が拡大した、賄賂《わいろ》などの腐敗政治が蔓延した、だからこそ、私がその腐敗を清算し、中国共産党をあるべき姿に取り戻すと大見得をきりたかったのです。ところが、党内で鄧小平時代の否定に対する抵抗が根強くあったのです。

井沢　それはどうしてですか。

石平　今の共産党幹部の大半は鄧小平の政策のおかげで大いに懐《ふところ》が潤ったからですよ（笑）。しかも重要幹部の地位を得ることができた。では、習近平の政策で何か得るものがあったか。

井沢　何もない。

石平　そうなんです。習近平の側近の一人であるはずの劉鶴《りゅうかく》副首相に至っては『人民日報』で習近平の「共同富裕」路線を暗に否定しています。

「一帯一路」も頓挫してしまった

井沢　「共同富裕」とは、要するに中国の中流階級を拡大し、低所得者の収入を増やすことを目標にした経済政策のことですね。皆が豊かになるという考え。そのためには、アリババ集団など巨大ネット企業などの活動に制限を加えたり、芸能人に対する税務調査強化をして違反したら罰金を取ったりする。富裕層の財産に対する課税強化も行なう。さらには、思想統制として、習近平（礼賛）思想を小中高校で必修化したり、オンラインゲームでは未成年者の利用時間を制限したりもする。要はオーウェルの『1984』社会を実現しようと狙っていたのでしょうね。

逆らうとどうなるか？　文革時代には、〝反革命分子〟と見做された政府高官が三角帽子をかぶせられて自己批判させられたり、紅衛兵によって組織的・暴力的な吊し上げを受けたりした。あの二の舞になるのは必至でしょう。

石平　非毛沢東化を進めた鄧小平路線のアンチテーゼのような政策ですよ。でも、結果として、共同富裕路線は失敗に帰し、中国経済はガタガタになってきています。

井沢　不動産バブルもはじけて、中国不動産開発大手・中国恒大集団の経営危機も発生してしまった。

石平　そうです。さらに、鳴り物入りで始まった「一帯一路」も頓挫《とんざ》しています。

井沢　周辺国を借金漬けにして担保を取り上げる高利貸しのようなやり方ですから。それで世界の国々がソッポを向いてしまった。

石平　だからこそ、習近平の歴史決議は過去を総括したり批判したりするわけではなく、毛沢東・鄧小平路線を容認せざるを得なかったのです。しかも、江沢民・胡錦濤の統治も褒めざるを得なかった。つまり彼は、前任者たちを一切否定できず、「不破不立」ができなかったわけです。これでは彼の「歴史決議」は何のためのものかはさっぱり分かりません（笑）。

井沢　歴史決議をする意味はなかった。今回の決議は、毛沢東時代の「文化大革命」を「まったく誤った判断」と表現はしたものの、これまで同様、毛沢東政治そのものを全面否定はしていません。相変わらず、中国共産党は間違ったことをしてこなかったという無謬性を重視する立場でしかない。要は、過去の毛沢東や鄧小平などの指導者の思想を堅持することは、中国共産党の一党支配の無謬性や正統性を維持し続けるためには不可欠というわけでしょう。とはいえ、習近平にとって歴代指導者のそうした「思想の堅持」はあくまでも自己正当化のための建前にすぎない。

石平 習近平は鄧小平という大きな壁を超えることができませんでした。鄧小平は違います。毛沢東という壁を超えることができたから、鄧小平時代を迎えることができた。

しかも、鄧小平は毛沢東の存命中に反旗を翻しています。毛沢東の手で二度も失脚したものの、見事に復活を遂げた。そのため、鄧小平は堂々と毛沢東の政治を否定することができました。

井沢 習近平は鄧小平と直接向き合った経験がありません。

石平 そんな根性は持ち合わせていませんよ(笑)。しかし、習近平としては今後、何とか鄧小平を超えていくためには一つ、乾坤一擲《けんこんいってき》の手を打つ以外にありません。

井沢 狙うのは中台の統一でしょう。歴史決議でも軍事力の強化を強く主張していた。

石平　そうです。台湾征服は毛沢東・鄧小平ができなかったことですから。

井沢　歴史決議が中途半端に終わったことで、むしろ、より一層、台湾有事の可能性が高まったわけですね。

宏池会は日本の敵、世界平和の敵か？

石平　習近平は業績づくりに焦っているに違いない。だからといって、事はそう簡単に運びません。中国共産党幹部や人民解放軍は、米国と一戦交えたいとは思っていない。戦時下になれば、米国に移している財産がすべて凍結されてしまいますから。

井沢　それは大きな「人質」ですね。

石平　台湾なんかどうでもいい。中台統一なんて、クソの役にも立たない。財産さえあれば、なんとか生き延びることができる。――これが彼らの本音です。しかしそれでも、独裁者の習近平が台湾侵攻の命令を出したら、中国全体はそれに向かって動き出すでしょう。

井沢　中国人らしい発想です。窮鼠《きゅうそ》猫を嚙むではありませんが、追い込まれた習近平が何をしでかすかわかったものではありません。だから、安倍晋三元首相は「台湾有事は日本有事であり、日米同盟の有事でもある。この点の認識を習近平主席は断じて見誤るべきではない」と、最近のさまざまな台湾関連セミナーなどで積極的に発言をして習近平を牽制したのでしょう。

石平　北京冬季五輪の後に、東南アジアや北東アジアには、何が起こってもおかしくない。二〇二二年二月の北京五輪以降の中国の動向は要注意です。

井沢　日本人は本当にお人好しですよね。中国が天安門事件で国際的に孤立した時、国際社会復帰のお膳立てをしてあげたのは日本の宮沢内閣です。宮沢喜一首相は昭和天皇の中国訪問などという「政治利用」までして中国を助けたのに、中国はそれに恩義を感じるどころか国際社会との交流で生まれた余裕を反日教育と尖閣列島への干渉に振り向けた。そして今や世界制覇への道を進もうとしている。

ところが今の総理大臣は宮沢さんと同じ宏池会の岸田文雄さんですからね。二度とバカな真似を繰り返さないようにして欲しかったのに、外交的ボイコットすら二の足を踏んでいた。このままいけば宏池会は日本の敵、世界平和の敵ということになりかねないが、岸田首相はまったくわかっていないようで極めて残念です。

終章

朱子学に呪縛される中国は民主化できない厄介な国

井沢元彦

天皇家のDNAは消せない！

今回の対談は、石平氏の深い学識に助けられ極めて有意義なものになった。篤《あつ》く御礼申し上げる。

さて「日本史の最大の特徴は天皇の存在である」。

これは私の主張ではなく日本史の法則である。つまり客観的な事実だ。「太陽は東から昇る」のと同じことだ。ここに、もし「私の思想的立場から私は太陽が東から昇るとは認めない」など主張する人間がいたら、あなたはどう思うだろう？　それをまともな人間とは思うまい。

確かに、人間には思想の自由そして信仰の自由はあるのだが、もしも学者がそんなことを言ったら、あなたはその人間を学者としては認めないだろう。客観的事実を認めない人間に学問などできるはずがないからだ。ところがほんの数十年前には日本の歴史学界はそういう学者だらけだった。天皇という存在やその影響をできるだけ排除して、歴史を語ろうとするのである。日本の歴史の最大の特徴が天皇の存在なのだから、天皇抜きにして日本史を語りようもないのだが、たとえば団塊の世代の人たちはそういう教育を受けたはずである。日教組とか日本社会党とか朝日新聞とか岩波書店など明らかに左翼シンパの団体がそれを後押しした。

「日本史の最大の特徴が天皇である」という客観的事実を如実に語る存在は、実は二〇二二年のNHK大河ドラマ「鎌倉殿の13人」の主人公である北条義時であると言ったら、あなたは驚くだろうか。私の愛読者ならまったく驚かないのだが。どういうことか説明しよう。

天皇と、中国皇帝やヨーロッパ各国の王あるいはイスラム帝国の支配者などとの最大の違いは、天皇家のDNAを持っていない限り天皇を殺して自分が天皇になるということができないということだ。中国では卓越した軍事力さえあればそれまでの皇帝を殺して自分が皇帝になることができる。明朝を立て初代皇帝となった朱元璋がその典型だろう、彼は貧農の出身であったが軍事の天才で結局は皇帝になることができた。お分かりのように日本では優れた軍事力を持っていたからといって、天皇家の人々を皆殺しにして自分が天皇になれるわけではない。それができるなら源頼朝が既に天皇になっている。

もしあの時、つまり頼朝が天下を事実上掌握した十二世紀末、後白河法皇をはじめとする皇室一家を皆殺しにし「これからはオレが天皇だ」と宣言しても、うまくいったはずは無いという事はおわかりになるだろう。

天皇家はそもそも基本的に丸腰で武力を持っていない。にもかかわらず自分の身が守れるのは「天皇家のＤＮＡを持たない人間は絶対に天皇になれない」という日本史の最大の特徴ともいうべきルールがあるからだ。

そして実は頼朝よりも「天皇になるチャンス」があったのが北条義時なのである。なぜなら後白河法皇は最終的に頼朝との武力対決を諦めたが、後鳥羽上皇は北条一族を武力で滅ぼし幕府を倒そうとした。外国ならこれはまさに絶好のチャンスなのである。何しろ先に攻めてきたのは天皇家の方だ、だから正当防衛で相手を殲滅すればいい。つまり天皇家を滅ぼしても、日本以外の国だったら何の文句も言われない。

今初めてお気づきになった方もいるかもしれないが、後鳥羽上皇の反乱である承久の乱（一二二一年）に勝った義時は、天皇家に圧力をかけて後鳥羽上皇は島流しにしたものの、天皇家自体には手をつけず、いわんや自分が天皇になろうとは夢にも考えていなかった。それは絶対不可能なことだからだ。そして、それが日本なのである。

天皇訪中実現で中国を増長させた責任

誤った歴史教育によって、そういうことをまったく知らずあるいは気づいていない人々が日本の政治を動かしているからややこしいことになる。

この本における石平さんとの一連の対談でお分かりになったと思うが、中国は自力では絶対に民主化できない国なのである。その理由は一言で言えば朱子学である。そして日本人も朱子学の悪影響は受けたのだが、中国や朝鮮半島と違って自力で民主化できたのは天皇という存在があったればこそなのである。政治家は、いや日本人すべては「中国は自力では民主化できない、日本にはそれが可能だったのは天皇という存在があったからだ」という歴史上の事実を念頭に置いて、中国という厄介な国と付き合っていかなければならない。

それがまったくわかっていなかったのが第78代総理大臣宮沢喜一（一九一九〜二〇〇七年）だった。この人は東大法学部を出ていなければ「大卒扱いしない」というトンデモない人間であり、また英語が堪能で、英語ができない人間をバカにしていた。自分は日本で一番頭の良い人間だと思っていたのだろう。実は戦前の日本を滅ぼした陸軍のエリートたちも東大ではないが陸軍大学卒を誇りにしており、また多くの人間はドイツ語に堪能だった。

だから「ちゃんと大学を出ていない上にドイツ語もしゃべれない」人間を馬鹿にして、結局自分たちが一番頭が良いと思い込み、日独伊三国同盟に突っ走り、それで国を滅ぼした。おそらく宮沢首相はそういう連中を馬鹿にしていたと思うが、滑稽なのは自分がそれと同類であることを生涯気づいた形跡がないということだ。もっとも始末に悪いバカとは「自分が最も頭がいいと思い込んでいるバカ」なので、こういう人間は実は操りやすい。

その宮沢首相に対して海千山千の中国が仕掛けてきた。その少し前に天安門事件が起こり中国は今と同じように世界の国々に警戒され嫌悪された。経済制裁によって打撃も受けた。その状況を何とか打開しようとズルがしこい中国人が考えたのが、お人好しの日本人を利用することであった。当時の中国の最高指導者江沢民は宮沢首相に再三天皇訪中を要請した。天皇訪中が実現すれば諸外国も中国に対する警戒感を解くだろうという思惑があってのことである。つまり中国は国際社会に復帰の手段として日本と天皇を利用しようとしたのである。

これにまんまと乗せられたのが宮沢首相だった。日中友好というおためごかしのスローガンの底には、巨大な中国市場で儲けようという卑しい下心もあったのだろう。結局宮沢首相が、天皇訪中を実現させ、その結果中国は国際社会に復帰した。そして、その後北京夏季オリンピック（二〇〇八年）を成功させますます増長した。

よくよく考えていただきたい。日本は国際的に孤立無縁だった中国を助けて世界に復帰させてやった大恩人なのである。ではその中国はその大恩人への恩返しに何をしたか。江沢民はそれで得た利益を国内の反日教育に回した。日本を悪者に仕立て上げることによって、中国共産党への不満をそらすためである。習近平はそれを軍備増強に使い日本に対しては尖閣列島を、そして世界に対しては全体の平和を脅かしている。ここで対談中でも引用したアメリカ人外交官の中国に対する批評を思い出していただきたい。

「中国人には人類に共通する道徳観や恩義の観念がない」
「中国人にとって謀略、裏切りは日常茶飯事である」
「中国人は『たかり』の名人だが感謝の気持ちは一切ない」

おわかりだろう、これはまさに中国の国際社会復帰以降事実として証明された事である。推測でも懸念でもなく我々日本人は事実として「恩知らずの中国」のしっぺ返しを受けているのであり、そればかりか宮沢首相がバカなことをやったおかげで日本は世界平和も危うくしてしまったのだ。

また韓国の近代化を推進したのも日本なのだが、韓国はそれを恩義に思うどころか、日本への非難を繰り返している。なぜ、そうなるのか。朱子学に染まると自国が最も優秀だと独善的に思い込むから他国に世話になったなど有り得ないという「恩知らず」になってしまうのである。

ちなみにこの時期のことを中国の銭其琛外相（当時）が『銭其琛回顧録』（東洋書院）でこう書いている。

「（天皇訪中によって）中日関係は、新たな水準へと押し上げられたのである。同時に、日本の天皇がこの時期に訪中したことは、西側の対中制裁を打破するうえで、積極的な作用を発揮したのであり、その意義は明らかに中日の二国間関係の範囲を超えたものだった。中日関係の修復と大きな進展につれて、西側の対中制裁のもうひとつの部分である欧州共同体（ＥＣ）の立場にも、やや軟化の兆しが見え始めた」

要は、「天皇訪中が実現すれば、西側各国が科した中国指導者との交流禁止や経済制裁などを打破できる」と考えていたのだ。普通ならそういう企みのことを堂々と回顧録に書いたりしないものだが、おわかりだろう、日本人を徹底的にバカにしているからこういうことが書けるのである。

　今の岸田文雄首相はこの宮沢首相の直系の宏池会の出身である。どうも今回の北京冬季オリンピックの外交ボイコットにも煮え切らず、中国の鼻息を窺っているように見える。ひょっとしたらアメリカと中国の仲介に立って自分や日本のステータスを上げようなどと、バカなことを考えているのではないかと気になる。それは宮沢首相が大失敗したところで、既に結果が出ていることなのである。このうえ同じようなことをやって中国をまたまた増長させれば、それは単に日本の国を売るだけの売国奴ではない。もちろん売国奴も絶対許せない国家の敵だが、岸田首相はその上を行く「こうなると結果はわかっていたのにまたまた中国を増長させた世界平和の敵」ということになるかもしれないのだ。

　歴史家として私は岸田首相に警告する。ぜひとも愚かな大先輩宮沢喜一首相の轍を踏まぬよう、くれぐれも留意していただきたい、と。

井沢元彦（いざわ　もとひこ）
作家。歴史家。1954年、名古屋市生まれ。早稲田大学法学部卒業後、TBSに入社。報道局在職中の1980年に、『猿丸幻視行』で第26回江戸川乱歩賞を受賞。退社後、執筆活動に専念。独自の歴史観からテーマに斬り込む作品で多くのファンをつかむ。著書は『日本が「人民共和国」になる日』（ワック）、『汚れた「平和の祭典」』（ビジネス社）、『逆説の日本史』シリーズ（小学館）、『天皇の日本史』『お金の日本史』（KADOKAWA）など多数。YouTubeで「井沢元彦の逆説チャンネル」開設中。

石 平（せき　へい）
評論家。1962年、中国四川省成都生まれ。北京大学哲学部卒業。四川大学哲学部講師を経て、1988年に来日。1995年、神戸大学大学院文化学研究科博士課程修了。民間研究機関に勤務ののち、評論活動へ。2007年、日本に帰化する。著書に『なぜ中国から離れると日本はうまくいくのか』（PHP新書、第23回山本七平賞受賞）、『なぜ論語は「善」なのに、儒教は「悪」なのか』『中国をつくった12人の悪党たち』（PHP新書）、『私はなぜ「中国」を捨てたのか』『中国が台湾を侵略する日』（ワック）など多数。

朱子学《しゅしがく》に毒《どく》された中国《ちゅうごく》
毒《どく》されなかった日本《にほん》

2022年3月18日　初版発行

著　者　井沢元彦・石 平

発行者　鈴木　隆一

発行所　ワック株式会社
東京都千代田区五番町4-5　五番町コスモビル　〒102-0076
電話　03-5226-7622
http://web-wac.co.jp/

印刷製本　大日本印刷株式会社

ISBN978-4-89831-863-8